次代への名言

時代の変革者篇

関 厚夫

藤原書店

序

先人たちに学び、いでよ、日本を支えることのできる政治家たち――。そんな思いをこめて、本書の前編にあたる『次代への名言　政治家篇』を脱稿したのは昨年の仲冬、平成二十二（二〇一〇）年暮れのことだった。

春がめぐってきた。事態は好転するどころか悪化さえしているように思える。中国やロシア、米国との外交、「政治とカネ」、景気や税制、年金問題など、従来の懸案はいずれも解決の糸口をつかむどころか、立ち往生のままだ。また、日本が資源を依存する中東が大変革の波に洗われようとしている。そこへきて、東日本大震災という大自然の猛威、未曾有の試練に見舞われた。

しかし、われわれ日本人には苦難を克服し、現状を打破する力がある――。そんなメッセージをとどけることを使命とし、平成二十一年秋から翌二十二年春までにかけて、産経新聞朝刊に連載した『次代への名言』計一〇一回分を再編集したのが本書である。

ために、巻頭は死してなお、国民作家であり続ける大先輩、司馬さんの代表作であり、時代の変革者たちが縦横に活躍する二つの名著『坂の上の雲』と『竜馬がゆく』にちなんだものにした。

何度目かの〝司馬ブーム〟にある昨今、『坂の上の雲』に披瀝されている歴史観が「古い」または「未熟である」といった批評もなされるようになった。神格化を排す、という姿勢は司馬さんにとっても望むところであろう。

ここで一つ、提起したいのは、『坂の上の雲』が産経（当時は「サンケイ」）新聞に連載されていた時期を考えることである。昭和四十三（一九六八）年四月から四十七（一九七二）年八月。途中、ベトナム戦争は泥沼化し、左翼的な学生運動が世界を席巻、日本では七〇年安保、そして三島由紀夫の衝撃的な自死がおきている。『坂の上の雲』における司馬史観と司馬哲学は、現代にも似た、こうした価値観がゆらぐ時代に対する答えであったはずだ。だからこそ、いま、原文のまま再録し、引用する価値がある、と筆者は考えている。

『竜馬がゆく』については、いまさら多くを語る必要もないだろう。ただ、NHKの大河ドラマ『龍馬伝』はこの名著がなければ誕生しなかったであろうこと、本書では、なぜ「龍馬」でなく、「竜馬」なのか、というささやかななぞ解きにも挑戦したつもりであることを記しておきたい。

続く「武士道の系譜」は野心作である。

筆者はこの章を通して、武士道というものは、最初の武家政権が誕生した鎌倉時代の前後ではなく、神代にその端を発し、時代の変革者たちがその模範を示すことによって、現代までわれわれの心に脈打っている（はず）と考えるようになった。拙い私見ではあるが、忌憚のないご意見をいただければ幸いである。

「経営者列伝」は、「武士道の系譜」の延長線上にある。筆者は、明治維新から現代にいたる名経営者たちの哲学や思想、生き方に、武士道に通じる美学をみている。

「信長と秀吉」「晋作と松陰」は日本史上最大の激動期だった時代の、傑出した変革者たちである。自画自賛で恐縮だが、資料集めと執筆時の悪戦苦闘にもかかわらず、本書のなかで最も読みやすく仕上がっていると思う。

孔子や孟子、朱子、王陽明といった中国における時代の変革者たちをあつかった「子、曰わく」を最後にしたのは理由がある。

わが国で受容されたから、だけではない。本章にも記したが、彼らの思想は日本でより深く正しく理解され、さらには武士道と影響し合い、融合している部分さえある。彼らとその思想は、〝日本化〟され、日本人の心として受け継がれてきたからだ。

ここまで書けばおわかりかと思う。前述した以外の本書の大きな目的は、日本人の源流を追い、日本人論に一石を投じることである。

さてここで、前書と内容はほぼ同じではあるが、本書の本文中の決まりごとを説明しておきたい。

文中は敬称を略している。本を開けて右のページにことば（「名言」）があり、左ページに本文がある。本文中、「前ページの～」とあるのは、このことばまたは一文を指す。また、引用したことばや文章のうち、《 》でくくられているのは、原文をそのまま引用している。「 」でくくられているのは、原文を尊重しているが、旧漢字や旧仮名遣いを直し、ごく一部についてはことばを省略したり、加筆したりしている。〈 〉でくくられているのは要約。また、／は改行をあらわしている。

少し前口上が長すぎたようだ。もう一つ述べておきたいことがあるのだが、まずは本書を読んでいただき、「あとがき」でご覧に入れることにしよう。

平成二十三年三月　東京で

関　厚夫

次代への名言　時代の変革者篇――目次

2 『竜馬がゆく』の風景

Ⅱ　日本の品格

3　武士道の系譜

4 経営者列伝

5 信長と秀吉

6 晋作と松陰

7　子、曰わく

次代への名言

時代の変革者篇

Ⅰ

司馬さんの跫《あし》あと

1

『坂の上の雲』をゆく

秋山好古

秋山真之

（国立国会図書館蔵）

親があまり偉くなると、子供が偉くならないからなあ。

もう四十年も昔になる。『坂の上の雲』の連載が産経（サンケイ）新聞の朝刊ではじまったとき、作者の司馬遼太郎（以降、「司馬さん」と表記する）は「三人の人物のあとを追わねばならない」とつづった。

三人。秋山好古《よしふる》★・真之《さねゆき》★兄弟、それに正岡子規★である。しかし、連載が進んでゆくにつれ、この物語はこの三人にとどまらない群像伝の顔をみせるようになる。

予感はあったというべきか。司馬さんは最大のテーマとなる日露戦争における日本の勝利を「ひやりとするほどの奇蹟」と呼び、こう続けている。《その奇蹟の演出者たちは、数え方によっては数百万もおり、しぼれば数万人もいるであろう》

『坂の上の雲』の「小主人公」たちも数十、ひょっとすると数百もいるかもしれない。本書では「三人」だけでなく、彼らのことばも、追う。前ページの引用はその一人、秋山兄弟の父、久敬《ひさたか》のことばだ。

飄逸《ひょういつ》な慈父だった。が、幼い真之に桃太郎を次のように解説していたというから、やはり、「この子」の父である。

「この昔話の教訓は、日本男子たるもの故国に恋々とせず、海を越え、挙国一致の団結心を持ち私利を捨て、智（猿）仁（キジ）勇（犬）を駆使して外国人の長所利点を吸収することにある」

★秋山好古　一八五九―一九三〇。日本陸軍騎兵の父。退役後、中学校校長に就任し話題に。
★秋山真之　一八六八―一九一八。海軍の名参謀。
★正岡子規　一八六七―一九〇二。俳人、歌人。

若いころにはなにをしようかということであり、
老いては何をしたかということである。

この「たったひとこと」が、秋山好古の人生の目的だった、という。『坂の上の雲』で、青年将校時代の好古と上京直後の弟、真之との会話のなかにある。

おもしろいことに、司馬さんも参考にしたであろう『秋山好古』(秋山好古大将伝記刊行会)によると、この豪気な人物は幼いころ、「泣き味噌の鼻垂れ」だった。母、貞子が幼い真之の乱暴に耐えかね、「お母さんもこれで死ぬからお前もお死に」と短刀を持ち出したエピソードは有名だが、好古の場合には逆に、貞子はいつも「この子は一人前になれるだろうか」ともらしていたという。

転機は九歳のとき。秋山家が家禄をいただく松山藩★が「朝敵」とされ、十五万両の軍費を新政府に献上することで命脈をたもった明治維新がきっかけだった。「以後、不肖ながら勉励力行し、今日、一身だけは自ら処し得る才能を蓄ふるに至る」などと彼は後年、記している。

ただそんな好古でも「思えば遠くに」の観があったのだろう。四十歳をすぎたころ、夫人につづっている。

「生涯徳利《とっくり》一本と湯豆腐で快活に清貧を楽しむより他に望みなき身を持ちながら、随分辛棒《しんぼう》強く働くには自らを可笑《おかし》く思ひ居れり」

★松山藩　十五万石。家門と呼ばれる将軍家の親類大名。幕末の藩主・松平勝成は佐幕に終始。

一家の滅亡、憂ふるに足らず、
兄弟共に未曾有の国難に斃《たお》るゝを得ば一生の快事。

秋山好古は三男である。あまりしられていないことだが、次兄は他家に養子にゆき、将来を嘱望された長兄は不幸にも二十代半ばで、長い病をえた。

好古は、はからずも家を背負うことになった。その彼はやがて、陸軍騎兵の創始者として、海軍の頭脳となる弟の真之とともに、明治という時代と国家を背負う。

秋山家にとって国家は家を超越する存在だった。母、貞子は出征する真之に「残した家族によって軍人としての覚悟が鈍るならば自分にも考え（自決すること）がある」と書き送った。

前ページにあるのは、好古が真之に寄せた一文。「と、今後の舞台を相楽《あいたのし》み居候《おり》」と結ばれている。

日本中で大小さまざまな好古や真之たちが、「坂の上の雲」を追った。ドイツ式の陸軍と英国式の海軍を創設し、産業革命を起こし、立憲君主制を導入した。そんな姿を、あざける声が海外から聞こえてきた。

《「猿まね」

と、西洋人はわらった》

とつづった司馬さんは、こうわらい返している。

《模倣を猿というならば、相互模倣によって発達したヨーロッパ各国民こそ老舗《しにせ》の古い猿であるにちがいなかったが、しかし猿仲間でも新店の猿はわらいものになるのであろう》

人間のえらさに尺度がいくつもあるが、
最小の報酬でもっとも多くはたらく人ほど
えらいひとぞな。

「一の報酬で十の働きをするひとは、百の報酬で百の働きをする人よりえらいぞな」
『坂の上の雲』で、そうことばは続く。給料の高い「朝日新聞」か、国民主義の雄だが給料は「新聞界でもっともひくい」という「日本」か――という選択に迫られた後輩、寒川鼠骨《そこつ》に「考えるまでもないがの。日本におし」といって、子規が与えたアドバイスである。

明治三十一（一八九八）年秋。当時、子規は「日本」に在籍しており、社長兼主筆の陸羯南《くがかつなん》★は彼が最も敬愛する恩人だったということをさしひいても、この気概に、心からの共感と喝采をおくりたい。

子規が結核のために喀血《かっけつ》したのはまだ二十一歳の明治二十二年五月。「子規」という号はホトトギスの意。この鳥は啼血《ていけつ》（血を吐くこと）するようにうたうから――なのだが、子規には、悲壮のなかにも諧謔《かいぎゃく》をみる野太さがあった。発病の子細や余命をめぐって閻魔大王を相手に丁々発止《ちょうちょうはっし》のやり取りを展開する、喀血直後の小品『啼血始末』はその典型だ。

司馬さんはひょっとするとそんな子規に秋山好古・真之兄弟以上の親近感を覚えていたのではないだろうか。その理由めいたものを、次に記してみたい。

★陸羯南　一八五七―一九〇七。青森県出身。対外硬派の政論家。国民主義を提唱した。

人間というこの痛々しいいきものは、
どうやら仕事をするために生きているものらしい。

「昨日俳句会、昨夜夜半迄《まで》原稿書く　今朝喀血、疲労はあれど却《かえっ》て心地よくなりたり」

明治三十三（一九〇〇）年八月、正岡子規はそんな文面に《血をはきし病の床のつれづれに元義（平賀元義、江戸期の無名歌人）の歌よめばうれしも》との一首を添えて岡山の門人に送った。

死の二年前だった。すでに子規は病床を離れることができなかった。前ページに引用したのはそんな子規にたいして、司馬さんが『坂の上の雲』でささげた一文である。

このはがきが収載されている『子規全集』（講談社）を調べてみると、意外なことに気づく。子規─秋山真之間の手紙は、子規─夏目漱石間の十分の一ほど、計十通に満たないのだ。

でも、だからといって子規と真之が疎遠だったということにはならない。資料がとぼしいときにこそ、そのすきまにほの光るものをとらえる小説家の眼が必要となる。

（升《のぼる》さん、人はみな死ぬのだ）

子規の葬儀のさい、真之は姿を見せたが、ひと言も発しなかった。が、司馬さんは彼の心中をそう表現した（升は子規の幼名）。

そして続けた。

《おれもいずれは死ぬ、ということをつぶやいた。真之にすれば、それが念仏のつもりであった》

この戦争は清国や朝鮮を領有しようとしておこしたものではなく、多分に受け身であった。

『坂の上の雲』で司馬さんは「日本は、その過剰ともいうべき被害者意識から明治維新をおこした。統一国家をつくりいちはやく近代化することによって列強のアジア侵略から自国をまもろうとした」と説いた。

朝鮮半島のかたちをめぐる日清戦争は、その延長線上にあった。前ページの一文は司馬さんの日清戦争観である。

大義は日本にあり――は当時の言論界の趨勢《すうせい》でもあった。福沢諭吉は「世界文明の進歩」が戦争の目的、と筆をふるい、内村鑑三も「義戦」と世界に訴えた。

一方で司馬さんは、陸軍参謀次長、川上操六《そうろく》★に不吉の影をみる。「(川上は) 参謀本部の活動はときに政治の埒外《らちがい》にでることもありうると考えており(中略)現実ではむしろつねにはみ出し、前へ前へと出て国家をひきずろうとしていた。この明治二十年代の川上の考えかたは、その後太平洋戦争終了までの国家と陸軍参謀本部の関係を性格づけてしまった」

では日露戦争にたいする司馬史観は? 以下がその答えとなろう。

《ロシアの態度には、弁護すべきところがまったくない。ロシアは日本を意識的に死へ追いつめていた。日本を窮鼠《きゅうそ》にした。死力をふるって猫を噛《か》むしか手がなかった》

★川上操六　一八四八―九九。薩摩藩出身。参謀総長・大将となったが、日露戦争前に急死。

陛下には、将官ステッセルが祖国の為め尽《つく》せし苦節を嘉《よ》みし玉《たま》ひ、武士の名誉を保たしむべきことを望ませらる。

第三軍の総攻撃から約四カ月半、岐路となった二〇三高地の占領から約一カ月。日本側の死傷者だけで六万一千人を数えた日露戦争の旅順攻防戦は、明治三十八（一九〇五）年元日、ロシア側の守備隊（要塞）司令官、ステッセル将軍による降伏表明によって終結した。

「旅順で死んだ幾万の幽魂がこの部屋にあつまってきたようで、どの幕僚の顔をみても、喜悦などというような表情がなく、ちょうど、なにかに押しつぶされそうになっているような、そういう苦悩がある」

通報を受け取った第三軍幕僚のようすについて、そんな証言を司馬さんは『坂の上の雲』で引用している。

前ページの一文は翌日、参謀総長の山県有朋★が第三軍司令官、乃木《のぎ》希典《まれすけ》★にあてた「聖旨」。主語である「陛下」とは明治天皇のこと。敵将・ステッセルに対する理解と慈愛がにじむ内容を、当時の新聞は「日本武士道の精華」とたたえた。

続いて一月五日、乃木とステッセルが水師営《すいしえい》で対面した。後世に語りつがれたこの会見は、『坂の上の雲』にこうつづられている。

「戦争というこの惨禍をその結末においては美的に処理したいという気分の最後の時代の最終の場面であった」

★山県有朋　一八三八―一九二二。明治・大正期の藩閥・軍閥の長。賛否両論分かれる政治家。

★乃木希典　一八四九―一九一二。長州藩出身。旅順攻囲戦の責任者。明治帝を追って殉死。

俺と乃木（希典）大将とは何処《どこ》か似ているよ。

意外にも副官によくそう話していたというのは陸軍騎兵の父、秋山好古である。

部下にも「そうですか」と慇懃《いんぎん》だった乃木に対して、上司に向かってさえ「そうかね」と応じた二人は好対照――とされた。『坂の上の雲』においても、好古と乃木の描かれ方は対照的である。

《この程度の頭脳が、旅順の近代要塞を攻めているのである。兵も死ぬであろう》

乃木と彼が率いる第三軍首脳を司馬さんはこう断じた。

が、乃木批判でいえば『坂の上の雲』がはじまる前年に発表された司馬さんの二部作『殉死』のほうがはげしい。強襲攻撃をくり返し、「連日おびただしい死を累積させ」た乃木と伊地知《いじち》幸介・第三軍参謀長は「冷静な専門家の目からみれば無能というよりも狂人というにちかかった」とある。

《本当の日本なのかと思ったりした。（中略）ひょっとするとむかしの日本や日本人はちがっていて、昭和という時代だけがおかしいのではないか、とも思ったりした》（『この国のかたち』）

戦車部隊の一員として終戦を迎えた司馬さんの痛恨である。彼は好古にはみとめなかったこの「異質さ」の根を乃木にみたのだ――。

筆者はそう、理解している。

それは死んだ連中に対する無礼というものだろう。

『坂の上の雲』には戦記文学の側面がある。だが、司馬さんは作中で「戦闘描写をするのが目的ではない」と断言している。

ではその目的とは？

陳腐なようだが、生命の尊厳――と筆者は思う。

「兵員に死を強いるような作戦は作戦者の無能を意味するものであり、それは作戦ではない、と東郷はおもっているらしい」

「東郷」とは連合艦隊司令長官、東郷平八郎。日露戦争初期の東郷の心象を描いた一文である。

「陸軍の東郷」が秋山好古だった。

《お祖母さんの心意気

戦《いく》さなどやめて

平和に暮らしたい

(1)戦さは平和の為《ため》にせよ》

好古が戦場から家族にあてた「面白い話し」の書き出しである。「お祖母さん（母、貞子）」にはじまり、家族一人ひとりにあてたメッセージらしきものが(1)から(7)まで並ぶ。「日本騎兵の父」はそんな一面をもっていた。

前ページの引用は、自分の作戦ミスで多くの兵士を失いながら「予測のうち」とうそぶく総司令部幕僚に対する好古のことばだという。

司馬さんが参考にしたはずの『秋山好古』（秋山好古大将伝記刊行会）には、ここまで直接的なことばは記されていない。

しかし、真実が、そこにある。

点火したら消すことが肝要なのを知らぬか。
それを忘れてゐるのは莫迦《ばか》ぢや。

その業績は偉大であるのに、歴史のなかに埋もれてしまった人物をほりおこすことに手腕をみせたのが、司馬さんだった。

「日本陸軍の父」の観があるドイツ人将校、メッケルから「理想の天分に恵まれた非凡人」と評されたという児玉源太郎も、司馬さんに発掘された一人だろう。

日露戦争直前に陸軍参謀本部次長に就任。この官職は、陸相を経験した陸軍中将で、首相候補の声もあった当時の内相、児玉にとって降格を意味した。ところが、「そういうことは非常時には問題ぢやなかろう」と、降格とともに、世界で最も困難な任務を買って出る。

彼なくしては陸戦の「勝利」はなかった。が、自分を語るに寡黙で、日露戦争終結の翌年、五十四歳で急逝した。

ために『坂の上の雲』にいう「戦後、児玉の名が世間に知られることが薄く乃木（希典）の名声が旅順の名将として世間に喧伝される」ことになった。

前ページにあるのは、児玉が「連戦連勝」に浮かれる東京の参謀本部高官を戒めたことばだ。『坂の上の雲』から——ではない。

日米戦争のただ中にこのことばを記した慧眼と勇気に敬意を表し、伝記作家、宿利《しゅくり》重一の大著『児玉源太郎』から引いた。

成敗《せいばい》は天にありと雖《いえど》も人事を尽《つく》さずして
天、天と云ふことなかれ。

日本海軍の頭脳、秋山真之がもつ公私二つの顔を少しみてみたい。

前ページのことばは、海軍大尉として米国留学中の真之が明治三十二（一八九九）年ごろ、戦術書の余白に書きつけた心得集ともいうべき「天剣漫録」の一文である。

『坂の上の雲』のなかでは、「作戦というのは理智のかぎりをつくして思考しぬき、ついにぎりぎりまで煮つめた最後の段階では天賦《てんぷ》のかんにたよるしかない」という一文に対応する、といえようか。日露戦争初期、ロシアのウラジオ艦隊（バルチック艦隊ではない）の針路を的中させたときの真之の心理描写である。

「天剣漫録」には《手は上手なりとも力足らぬときは敗《まけ》る。戦術巧妙なりとも兵力少ければ勝つ能《あた》はず》とある。これはいまにして思えば奇策・奇襲に走りがちな同僚や後輩に対する大いなる警告だった。

また、《人生は万事虚々実々、臨機応変たるを要す》という人生訓もみえる。

私人・真之の情は明治三十三年、英国から発した年賀状の一句にほのみえる。

《遠くとて五十歩百歩小世界》

あて先は、「病牀六尺」をなげき、苦しむ郷友、正岡子規だった。

行こかウラジオ、帰ろかロシア、
ここが思案のインド洋、といったところだろう。

欧州を出発したロシアのバルチック艦隊はウラジオストクに向かっていた。

その任務は旅順の太平洋艦隊と合流し、倍の兵力で日本海軍を殲滅《せんめつ》すること。だが、明治三十八（一九〇五）年一月の旅順要塞の陥落と前後して太平洋艦隊は全滅する。

『坂の上の雲』によると、日本海軍を背負う参謀、秋山真之は旅順が落ちたあと、新聞記者に前ページのように話したという。最大の目標を見失ったバルチック艦隊の心理をとらえて妙である。

しかし、いざ艦隊が日本に近づいてきたとき、今度は真之が迷った。進んでくるのは対馬海峡かそれとも津軽海峡か。その選択に国家の命運がかかっていた。


真之は心得集「天剣漫録」に「細心集慮は計画の要能にして虚心平気は実施の原力也《なり》」という一文を巻頭にかかげた。

が、皮肉にも、彼がかつて、ある意見書に「吾々常人が責任の有無に依《よ》りて其《そ》の心気を変動せしむるは免《まぬが》る能《あた》はざるの大弱点」と記した通りの心境となった。

連合艦隊司令長官の東郷平八郎はしかし、「対馬海峡」でぶれはしなかった。司馬さんはつづっている。

《東郷が、世界の戦史に不動の位置を占めるにいたるのはこの一言によってであるかもしれない》

前の六分は本当の運です。
しかしあとの四分は人間の力で開いた運です。

司馬さんによると、「織田信長やナポレオンがそうであるように、敵に倍する兵力と火力を予定戦場にあつめて敵を圧倒する」こと――「大軍に兵法なし」を実践するのが名将だった。

明治三十八（一九〇五）年五月二十七・二十八日。日露戦争の勝敗を決めた日本海海戦のさいの日露両国の兵力は、ほぼ五分五分とされる。ところが、日本の連合艦隊はロシア・バルチック艦隊を殲滅した。

前ページの感想は連合艦隊第一艦隊参謀、秋山真之ではない。第二艦隊の参謀を務め、真之とならび称された佐藤鉄太郎のことばだという。そう、『坂の上の雲』にある。

「日本海の海戦は誠に楽なものであった」

これは昭和五（一九三〇）年、四半世紀前を回顧した連合艦隊司令長官の東郷平八郎のことばである。だが、真之は「佐藤派」だった。彼が起草した報告文は、「天佑《てんゆう》と神助《しんじょ》に由《よ》り」ではじまり、現代文にすると、次のような一節で締めくくられている。

「敵とわが軍の兵力とは大差はなく、敵の将兵もまた、祖国のために極力奮闘した。それでもわが連合艦隊が勝利という奇蹟をおさめ、ことにわが軍の損失や死傷者が僅少だったことは、歴代神霊の加護によるものと信仰するほか無い」

兄として他に誇るべき何物もない。
しかしただ一事、弟、真之はたとへ秒分の片時たりとも
「御国の為め」といふ観念を捨てなかつた。

《日露戦争のあとのかれは海軍部内における穏当な官僚ではなかった。一見、突拍子《とっぴょうし》もない言動がしばしば人を面くらわせ、一部では一人格に天才と狂人が同居しているのではないかといわれたりした》（『坂の上の雲』）

「かれ」とは秋山真之のことである。真之は戦後、軍務局長として海軍最大の疑獄・シーメンス事件の後始末に奔走したり、孫文による中国の革命運動をひそかに支援したりしていたが、大正七（一九一八）年、四十九歳で没した。栄光の日本海海戦から十三年後のことだった。

「初《はじめ》より戦争は人間としてなさざる可《べか》らざるものと覚悟し、必要あれば之れを敢行せざる可らず」

そんな戦争論を抱いていた彼には、おそらく、四半世紀後の日米開戦が見えていた。それゆえ、「太平洋戦争」の研究に没頭し、結果として命を縮めた、ともいう。

「この人としては当然の任務を果したのに対して、世間は一躍して、海軍部内第一の智嚢《ちのう》謀将たる栄冠を与へてしまった」

幼なじみの俳人、河東碧梧桐《かわひがしへきごとう》のこの追悼文の一節は、真之がもつ悲劇性の一側面を伝えている。

前ページにあるのは兄、好古が真之の葬儀で語ったことばだ。『坂の上の雲』にはないが、『秋山真之』（秋山真之会編）から引用した。

前をのみ見つめながらあるく。
のぼってゆく坂の上の青い天にもし一朶《いちだ》の白い雲が
かがやいているとすれば、それのみをみつめて

『坂の上の雲』単行本第一巻のあとがきにある。作品への解題としてこれ以上ふさわしい一文はないと思う。

司馬さんは日本史上類のない幸福な楽天家たちを描くのだ——とも記している。

だが、秋山真之にせよ、正岡子規にせよ、児玉源太郎にせよ、登場する人物の多くはその一生に、「光」とともに、どこかに「陰影」をもっている。そう考えると、『坂の上の雲』の主人公にもっともふさわしい楽天家とは、真之の兄で「日本陸軍騎兵の父」、好古ではないだろうか。

武骨だがユーモアを解する酒仙《しゅせん》将軍。「如何《いか》なる人にでも事《つか》へることの出来る者でなければ、如何なる人をも使ふことは出来ぬものぢや」ということばに器の大きさがうかがえる。

名利を追わず、大将に昇進したあとは故郷・松山の私立中学校の校長に。そして昭和五（一九三〇）年、夢は満州の野を駆けめぐりながら、七十一歳の好古が永眠したことをもって『坂の上の雲』は幕を閉じる。

以下は司馬さんの感慨である。

《書き終えてみると、私などの知らなかった異種の文明世界を経めぐって長い旅をしてきたような、名状しがたい疲労と昂奮が心身に残った》

2 『竜馬がゆく』の風景

坂本龍馬
（国立国会図書館蔵）

男は、わが思うおのれの美しさを守るために
死をも厭《いと》わぬものぞ。

(司馬遼太郎『竜馬がゆく』回天篇)

『竜馬がゆく』の何が読者をひきつけてはなさないのか。一つには、主人公、坂本竜馬★という人間の大きさだろう。

「天がおれを、この地上の紛糾をおさめるために降《くだ》した——と自分をそのように思いはじめている。おれがいなければ日本が潰《つぶ》れらァ」

ほらにしても痛快だが、彼はこのことば通りの生涯を送る。

にもかかわらず、「おれは日本を生まれかわらせたかっただけで、生まれかわった日本で栄達するつもりはない」という。無欲と無私も彼の魅力である。

それから、死生観がある。

「さすがは剣客だな。逃げることを知っている」とは潜伏中の長州藩の志士、桂小五郎★を評したことばである。

冷笑ではない。幕末という激動期のまっただ中にあっては生きのびることほど貴重なものはない、と竜馬は言っているのだ。

しかし、前ページのことばにあるように、彼は死を恐れはしない。もう一つ、こんな一節が『竜馬がゆく』にある。

《「志士とは」とも、竜馬はいった。「すでにその名が冠せられたときに、いのちは無きものとおもっている者のことだ」》

★坂本竜馬（龍馬）　一八三五—六七。土佐藩出身。薩長連合を成功させ、大政奉還を唱導。

★桂小五郎　一八三三—七七。長州藩出身。「維新の三傑」の一人、木戸孝允の前名。

いまの幕府では日本を持ちきれませぬ。
坂本さま、みなさんで倒しておしまいになれば？

（『竜馬がゆく』立志篇）

《竜馬のなかには、なにかしら光り輝ける者が住んでいる。それは観音像といってもいい。どういうわけか、その者は女性の容姿をもっている》(立志篇)

この観音さまは、さまざまな姿をまとって竜馬の前にあらわれる。その一人がお田鶴《たず》さま。前ページの発言、つまり「倒幕ノススメ」をはじめて竜馬に説き、彼を驚愕《きょうがく》させる女性である。

土佐藩家老の一族だから、郷士★の竜馬にとっては「姫」にあたる。聡明で少し勝ち気な女神。そして、姉の乙女とともに、竜馬の最大の理解者である。

たとえば、初対面の竜馬を彼女はこう評している。

「ひとの中には、先人の学問を忠実に学ぼうとする型と、それよりも自得したいという型のふたつがあるといいます。竜馬どのはあとの型で、その心が並はずれて強いひとだと思います」

お田鶴さまは創作上の人物である。モデルはいる。さきのNHK大河ドラマ『龍馬伝』にも登場した竜馬の友人の妹で初恋の人、名を「かほ」といった。竜馬と結ばれることはなく、その生涯はほとんどしられていないが、勤皇の志士を援助する、姐御肌《あねごはだ》の女性だったという。

彼女もまた、竜馬を日本をせんたく(洗濯)する志士に導く、観音さまだったにちがいない。

★郷士　下級士族。のちの土佐勤王党の母体。彼らに対する差別問題が『竜馬』の主題の一つ。

世の人はわれを何とも云はばいへ
わがなすことはわれのみぞ知る

引き続き、坂本竜馬を導く観音（女神）さまの話をつづりたい。

司馬さんの『竜馬がゆく』には二人の「乙女」が登場する。前回紹介したお田鶴さまは架空の女性だったが、〝乙女〟はともに、実在する観音さまである。

「志士は溝壑《こうがく》にあるを忘れず（志士は自分の遺体が道端に捨てられることを覚悟のうえで国を救おうとする）」

幕末志士の生涯を象徴する格言だ。少年・竜馬は姉の乙女から漢籍の素読をまなんだとき、このことばに「ひどく感銘した」（「立志篇」）という。女丈夫《じょじょうぶ》だった乙女は、竜馬にとって「最初の武術の師」というイメージが強いが、志士の魂もまた、授かったことになる。

「姦吏を一事に軍《いくさ》いたし打殺《ぶちころし》、日本《ニッポン》を今一度せんたく（洗濯）いたし申候《もうしそうろう》」

こんな個性豊かな名文の数々は、乙女との文通のなかで生まれている。

また、前ページの味わい深い歌、さらに《文開く衣の袖はぬれにけり　海より深き　君が美《ま》心《こころ》》といった優美な歌は、乙女の手ほどきに由来する。彼女は、竜馬の文才を引き出した観音さまでもあった。

さて、もう一人の乙女は江戸っ子である。そして竜馬の許婚《いいなずけ》だったという。

「日本人です」

「にっぽん人?」

さな子は妙な顔をした。


(『竜馬がゆく』風雲篇)

坂本竜馬が江戸で修行した桶町千葉道場に、免許皆伝の女性剣士がいた。

「おさなというなり。本は乙女といいしなり」と、竜馬は、姉の方の乙女に手紙で紹介し、こう続けている。

「かなりの美人だが力は並の男性よりつよく、琴も絵もよくする。心ばえは男性などおよばぬほど爽快。なのに物静かな人です」

幼名を乙女といった千葉さな子――竜馬の師匠、千葉定吉の長女である。これまた『龍馬伝』ですっかり有名になったが、竜馬とさな子はひかれあい、結納までかわしたが、結婚にはいたらなかったという。

前ページの会話が描くのは、藩や思想のわくを超えた「日本人」であろうとする竜馬である。

と同時に、彼の志があまりに時代に先駆けているために、当惑するさな子の姿でもある。

竜馬は日本人であるために、自由を求め、「志士は溝壑にあるを忘れず」を銘とした。しかし、さな子との結婚は安定とともに束縛を意味した。離別は、必然だった。

さな子は強く、いじらしい乙女だった。司馬さんはあとがきで、生涯を独身で通し、「自分は、竜馬の許婚者《いいなずけ》でした」と回想するさな子をつづっている。また、さな子の墓碑の裏には「坂本龍馬室（妻）」と刻まれているという。

坂本は世界の浪人だ。それでいい。

（『竜馬がゆく』回天篇）

坂本竜馬ほど傑出した個はない。

剣の達人にして、薩摩と長州という犬猿の仲の二大勢力を和解させ、倒幕を実現した大政治家。「利が世を動かしている」と看破し、海援隊を創設したりもする。

江戸時代、藩主を見限る脱藩は命にかかわる重罪だった。しかし、竜馬は個として「自由自在な境涯」を求め、脱藩する。

ひとりゆく彼の目に広がっていたのは藩を超えた日本、そして世界だった——ことを象徴するのが前ページのことばだ。

が、彼は傑出した組織人でもあった。

「仕事というものは八分まででいい。八分までが困難の道である。あとの二分はたれでも出来る。その二分は人にやらせて完成の功を譲ってしまう。それでなければ大事業というものはできない」

維新前夜、竜馬はこう言って仕上げを西郷隆盛★や桂小五郎たちに譲る。彼はまた、議論の勝敗にこだわらない。「人間は議論に負けても自分の所論や生き方は変えぬ生きものだし、負けたあと、持つのは、負けた恨みだけ」だからだ。

個と組織人との絶妙のバランス。その極意は次の和歌にあるような気がする。

《丸くとも一かど（角）あれや人心《ひとごころ》
あまりまろきはころびやすきぞ》

★西郷隆盛　一八二七—七七。薩摩藩出身。維新を代表する政治家。西南戦争を起こし、自刃。

いや、長州が勝っちょるのじゃない。
町人と百姓が侍に勝っちょるんじゃ。

（『竜馬がゆく』怒濤《どとう》篇）

司馬さんは新聞と縁が深い。

新聞記者として文筆家のスタートを切り、『竜馬がゆく』や『坂の上の雲』『菜の花の沖』といった代表作はいずれも、古巣の産経（サンケイ）新聞での連載だった。

司馬さんによると、坂本竜馬もまた、「新聞記者のようなもの」だった。

「しきりと諸国を歩き、土地の見どころのある人士と会い、中央地方の情勢を伝播《でんぱ》し、全国の同志を一つの気分と昂奮《こうふん》に盛りあげていっている」からだ。そして、「この当時の高名な勤王の志士というのは、すべてこれである。吉田松陰《しょういん》★も、清河《きよかわ》八郎も西郷隆盛も桂小五郎も」という。

「士農工商のない世の中にしたい（中略）将軍一人の身分をまもるために、日本では、三千万人の人間の身分をしばっちょる」

新聞記者・竜馬が全国に伝えたメッセージである。前ページで引用したのはその実現を目のあたりにしたことばだ。一八六六年の第二次幕長戦争。町人や農家出身からなる奇兵隊が幕府軍を蹴散らしたのだ。

奇兵隊の創設者は高杉晋作《しんさく》。その晋作の師が、身分制を打破した草莽崛起《そうもうくっき》を唱え、非業に斃《たお》れた松陰だった。松陰―晋作―竜馬。そんな記者、いや志士の系譜が、幕末を維新へと導いた、といえるのではないか。

★吉田松陰　一八三〇―五九。長州藩出身の幕末の志士。松下村塾で次代を担う人材を育てた。

一国を救おうというのも、一家を救おうというのも、
おなじ気質から出るものだ。

（『竜馬がゆく』風雲篇）

そろそろ坂本竜馬の妻、おりょう（お龍）の話をしなければいけないだろう。

「まことにおもしろき女」

これは、姉の乙女への手紙で初めておりょうを紹介したときの表現だ。のちには「誠に妙な女にて候。白刃をおそるることをしらず、別に力みはせねどもいっこう平生と変はることなし」ともつづっている。

もっとも、おりょうからすると、「ソレはソレは妙な」のは竜馬の方で、「丸で人さんとは一風違つて居たのです。少しでも間違つた事はどこまでも本《もと》を糾《ただ》さねば承知せず、明白に謝りさえすれば直《す》ぐに許してくれました」と語っている。

美人。技芸にすぐれ、並の男より胆が太い。おりょうは竜馬の好みのタイプである。京都・寺田屋で捕吏に取り囲まれたさいにはあられもない姿で竜馬を救うために大立ち回りもする。

それでも、司馬さんは読者に疑問をなげかける。

《はて、「恋」といえるかどうか》

前ページの一文に答えがある。

父を失ったおりょうの一家は路頭に迷っており、彼女を救おうとする竜馬の思いは、色恋を超越していた。

私を捨てて国に尽くす志も同じことだろう。苦難にある隣人を救おうとしない者が国を救えるはずはない。

人間はなんのために生きちょるか知っちょるか？
事をなすためじゃ。

（『竜馬がゆく』風雲篇）

歴史的な人物を描くさい、最も重要な資料は遺稿であろう。坂本龍馬の場合、手紙が約百四十通、それに手帳類と和歌が少々。幕末を飛翔した彼の人生を考えると、決して多くない。「これだけで龍馬を書こうとすると中身がスカスカになる恐れがある」と一線の研究者はいう。そこで補足資料の収集と作家としての目が、「龍馬伝」を決めることになる。

前ページのことばの出典は「世に生理《しょうり》を得るは事を成すに在り」と記された『英《えい》将《しょう》秘《ひ》訣《けつ》』であろう。この書は「一八六七年、坂本龍馬作」と後世に伝えられた。しかし、それを全面否定する資料もないかわりに積極的に肯定する資料もない。

となると、おさめられた九十あまりの名言・警句から何を選ぶか——であろう。詳細は割愛するが、司馬さんの取捨選択は「くやしいが、お見事」の観がある。

「たれかが灯を消さずに点《とも》しつづけてゆく、そういう仕事をするのが、不滅の人間ということになる」

このことばは『英将秘訣』にもない。しかし、龍馬、そして龍馬から生まれた「竜馬」の一生を考えたとき、そう言ったとして何の不思議もない。やはり竜馬は司馬さんであり、司馬さんは竜馬であった。

Ⅱ 日本の品格

3

武士道の系譜

日本武尊
（三峯神社内の尊像）

楠木正成
（皇居外苑内の尊像）

新渡戸稲造
（国立国会図書館蔵）

天晴《あっぱ》れ日本の武士の司。末代勇士の産神《うぶのしん》。
今より御名を改め、日本武《やまとたける》の尊《みこと》と――。

（近松門左衛門『日本武尊吾妻鑑《やまとたけるのみことあづまかがみ》』）

日本最高の劇作家、近松門左衛門が、最後の輝きをみせていたときに書かれたのが『日本武尊吾妻鑑』。前ページのせりふは、「日本童男《やまとをぐな》（小碓尊《おうすのみこと》）」が「日本武尊」の名を得る場面だ。近松は上級の武家の出身である。その彼が武士の「司（長）」と呼び、「産神（守り神）」と呼んだ、この古代の英雄から本章をはじめたい。

「臣労《やつかれいたわ》しと雖《いえど》も、頓《ひたぶる》に其《そ》の乱を平げむ（私は疲労してはおりますが、いちずに乱を平定いたします）」

東国征討にあたり、武尊はこう父の景行《けいこう》天皇の前で「雄誥《おたけび》」した。彼は九州平定を終えて帰国したばかり。だが、双子の兄、大碓皇子《おおうすのみこ》が戦いを恐れて逃げ隠れ、皇位継承権を剥奪《はくだつ》されたための非常の決断だった。

武尊は、恋人の弟橘媛《おとたちばなひめ》を失いながらも東国を平定する。しかし、帰途、病に倒れ、「死ぬことなど何でもない。ただ、（父）帝の御前に参れぬことを愁う」と言い残し、逝く。三十歳だったという。

以上が『日本書紀』にある日本武尊伝の概略である。

「できるだけ戦火を交えず、徳を以て帰順させよ」。そう司令をくだす、仁徳の王・景行天皇に仕える忠臣かつ孝子が、武尊だといえよう。が、より原形に近いとされる『古事記』の武尊はかなり、違う。

倭《やまと》（大和、日本）は国のま秀《ほ》ろば
畳《たた》なづく　青垣　山籠《やまごも》れる
倭し麗し

『古事記』が伝える、東国征討に成功したあとの帰国途中、死の床にあった日本武尊（文中の表記では倭建命）が残した望郷の歌である。彼は出征前、「(父帝・景行天皇は）吾を既に死ねと思ほしめすぞ」と憂い泣いたと記されているが、悲劇の種子は彼の青年時にすでに芽生えていた。

「捕まえて手足をもぎとり、こもに包んで投げ棄てました」

朝夕の食膳に姿を現さない武尊の兄を「教え諭せ」と命じられた武尊が取った行動だ。神話特有の誇張はあるのだろうが、父帝はこの事件で武尊の「建《たけ》く荒き情《こころ》を惶《おそ》」れ、九州征討を命じる。そして以降、武尊は戦陣のなかにさすらうことになる。

日本武尊に二心などない。しかし、勇猛で智略にすぐれているがゆえに、うとまれる。そして全国統一の偉業を成し遂げたにもかかわらず、早世する。『日本書紀』には描かれなかった悲劇。それはのちの源義経の生涯に重なる。

それからもう一つ。

日本武尊に死をもたらしたのは「言挙《ことあげ》」の失敗である。具体的にいえば、彼は山の神と戦ったとき、誤った言葉（言霊）を用いた。ためにその霊力が自分に向かい、自滅する。

言葉というものはかくも重い。古代も、今も。

鹿のかよはう所を馬のかよはぬやうやある。くはおとせ（それ駆け下りよ）。義経を手本にせよ。

（『平家物語』）

義経とはもちろん源義経★のこと。最初のひと言と次に続くことばの間には、実は時間差があるのだが、ともに一一八四年の二月七日（旧暦）、源平が現在の神戸市須磨区で激突した「一の谷の戦い」の勝敗を決し、機動部隊による奇襲の範となった「鵯越《ひよどりごえ》」でのせりふである。

義経を先頭に数千騎が獣道《けものみち》の崖を駆け下り、平家の大軍を蹴散らしてゆく。このあたりや、義経軍が平家をほろぼす「壇の浦の戦い」の描写は、正史といえる『吾妻鏡《あづまかがみ》』よりも、虚実まじえて展開する軍記物『平家物語』の方が、はるかに後世に訴える力がある。

興味深いことに、室町時代に成立し、その後の「義経もの」の原形となった『義経記《ぎけいき》』にはこうした華々しい合戦談は驚くほど省略されている。かわりに語られるのは主人公の苦難と悲劇である。

「義経犯すことなくして咎《とが》を蒙《こうむ》り、功ありて過ちなしといへども、御勘気《ごかんき》を蒙るの間、空しく紅涙に沈めり」

義経以上に、読む者の涙をしぼってきた『腰《こし》越状《ごえじょう》』の一節である。

凱旋し、兄の頼朝★とともに勝利の喜びを分かちあえると思いきや、義経は鎌倉に入ることが許されない。

そして以降、彼の運命は、暗転する。

★源義経　一一五九―八九。兄頼朝の挙兵に応じて義仲を討ち、次いで平氏を全滅。
★源頼朝　一一四七―九九。鎌倉幕府初代将軍。武家政治の創始者。

武勇と仁義とにおいては、後代の佳名をのこすものか、嘆美すべし、嘆美すべし。

（九条兼実《くじょうかねざね》★『玉葉《ぎょくよう》』）

源義経は源氏の棟梁《とうりょう》だった義朝《よしとも》の息子である。しかし、九男（『義経記』では八男）で妾腹、また、源氏が最も劣勢だったときに育ったために、代々の家来というものを持たなかった。

そんな彼を奥州の覇者、藤原秀衡《ふじわらのひでひら》★や荒法師の武蔵坊弁慶《むさしぼうべんけい》、絶世の白拍子、静《しずか》が愛した。空前のいくさ上手として卓越していたから――だけではなかろう。彼には「家来に声を荒らげることはなかった」という自制心と、前回紹介した「腰越状」にみえる情の深さがあった。

前ページの引用は、京を落ちるとき、掠奪などなく粛々と去っていった義経軍に感銘した一文である。約二年前の入京時も「一切の狼藉《ろうぜき》なし。最も冥加也《みょうがなり》」だった。軍紀が乱れ、悪名を残した木曾（源）義仲軍とは対照的な潔さを、民も愛した。

彼は一本気でもあった。

「関東に怨みのあるものはついてこい」

頼朝と決裂したとき、彼はそう檄《げき》を飛ばした。

義経という人格と武士道は時代を超えて愛された。

だが、孤立する。負ければ一族郎党の命が失われる「ムサ（武者）ノ世」（『愚管抄《ぐかんしょう》』）が求め、服従したのは、いざとなれば弟や有力な家臣さえ切ることができる頼朝の峻厳さだった。

★九条兼実　一一四九―一二〇七。藤原氏出身。関白。日記『玉葉』は当時の第一級史料。

★藤原秀衡　一一二二?―八七。奥州藤原氏の最盛期を創出。中尊寺金色堂にミイラが眠る。

源義経殿をお呼び戻しなされ。
兄弟が魚と水を思わせる。それが治国の計でございましょう。
（東大寺院主、聖弘）

《儒教仕立ての武士道徳――武士道には、主君のためには場合によっては父母兄弟友人を殺すことも、避けてはならないとする非人間的なものがあり、それが数々の武士道の悲劇を生んでいる》

海音寺潮五郎の『天と地と』の一節だ。ここで海音寺は江戸期の武士道を述べているのだが、「非人間的なもの」は鎌倉・室町期にもあった。武家の棟梁、源頼朝から「義経を暗殺せよ」と命じられた土《と》佐《さ》坊《ぼう》昌俊《しょうしゅん》は次の結論に至る。

「親の首を斬るも君の命なり」

凛として、「道」を示すものもいた。

たとえば絶世の白拍子、静。囚《とら》われの身ながら、頼朝の面前で《吉野山　嶺《みね》の白雪踏み分けて入りにし人（義経）の跡ぞ恋しき》と歌う姿は、さまざまなかたちで後世に語り継がれている。

そして仏僧、聖弘。

義経に心を寄せ、その安全を祈禱するなど何事か――と追及する頼朝に、聖弘は義経の功を改めて説明し、前ページのことばを継いだ。

気概を見込んだ頼朝は、聖弘を亡父追善のために建設した勝長寿院の総裁職に起用する。それでも、聖弘が媚びることはなかった。

「義経殿と御仲直りなされ」

そう、頼朝に訴え続けたという。

弓矢取る者の言葉は、綸言《りんげん》の如くにて候。

（武蔵坊弁慶）

弁慶は実在の人物だが、鎌倉時代の正史『吾妻鏡』や軍記物の雄『平家物語』に登場する彼の話を集めても、薄手の冊子にもならない。

ところが、室町時代に入ると、軍記物『義経記』や豪傑物『弁慶物語』、能の『安宅《あたか》』『船弁慶』などで、さまざまに語られるようになる。

歴代首相の耳に痛い、前ページのことばは『義経記』にある。「弓矢取る者」とは武士のこと。「綸言」はご存じのように、一度言えばもう取り返しのつかない、天子（君主）のことばである。

《かやうに建つるも弁慶、又、焼くも武蔵（坊弁慶）、げにも善悪不二（一つ）とは今こそ思ひ知られけれ》

弁慶のけんかが原因で、名刹《めいさつ》の書写山・円教《えんきょう》寺《じ》は火に包まれる。が、機転をきかせて再建のための寄付を山ほど集め、右のようにうそぶく（『弁慶物語』）。

もちろん史実ではない。五条天神（五条大橋ではない）から清水寺の舞台まで、ところを変えて三度にわたって源義経と決闘し、最後は改心してその家来となる（『義経記』）という逸話も創作だろう。

虚実織り交ぜた「愛すべき乱暴者」。そんな弁慶に与えられた大役が、悲劇の主人公を最後まで支える忠臣――だった。

六道《ろくどう》の道の巷《ちまた》に君待ちて　弥陀《みだ》の浄土へすぐに参らん

（武蔵坊弁慶）

後世に源義経像の原形を授けた『義経記』では、前半と後半で義経が変わる。

物語なかばまでの彼は、武蔵坊弁慶を懲らしめ、戦場では先陣を切って駆け、平家を滅亡させるほど剛の者だった。それが、次第に頼りなげな貴公子然としてくる。その分、時折、愛敬を振りまきながら、全身全霊で義経を庇護する弁慶の豪胆さと智略が際だってくる。

《頼みても頼みなきは人の心なり》

これは、能『船弁慶』で義経の愛妾、静が口にすることばだ。『義経記』によると、義経最後のいくさとなった衣川《ころもがわ》の戦いでも、生死をともにするはずの十九人の家臣のうち、十一人の姿が見えなかった。

「判官（義経）を恋しと思ひ奉る」

その三年前、京都で追っ手に囲まれた佐藤忠信はそう言って自害する。

一方、衣川の戦いの終章、弁慶は義経を「つくづくと」見詰め、いったん席を去ったあと、きびすを返して前ページの歌を詠み、立ち往生の地に赴いた——と『義経記』は伝える。

「六道の道の巷」とは死後にさまよう六つの迷道の入り口のこと。佐藤が義経に寄せる「忠」に女性的な「手弱女《たおやめ》」の響きあり、とするならば、弁慶のそれは最後まで、父性の「丈夫《ますらお》」だった。

此比《このごろ》都にはやる物　夜討　強盗　虚騒動《そらさわぎ》
生首　俄《にわか》大名　迷者《まよいもの》　下克上する成出者《なりづもの》
（二条河原の落書、一部編集）

混沌の時代。上は権力闘争や裏切り、偽善にあけくれ、下は金と土地に踊り、伝統や常識に背を向けた異形の主が横行する。

ひょっとすると、日本史のなかで最も現代に近いかもしれない。それが十四世紀――鎌倉時代末期から南北朝時代――だった。

混沌の主役の一人が「悪党」と呼ばれる武装集団だった。彼らは、権威や秩序に立ち向かい、力（武力と経済力）を蓄えていった。反逆者であり、底の見えた旧体制や時代を打破しようとする革命家でもあった。

その悪党のなかから現れたのが、楠木正成《くすのきまさしげ》★だった。

虚実を超えて、南北朝時代を最もよく伝える『太平記』によると、正成は不思議な存在だった。後醍醐天皇の夢に導かれるという登場の仕方からそうだ。また、千早城《ちはやじょう》に立てこもった正成は千人の軍勢で二百万（！）の鎌倉幕府軍を翻弄する。「心の程こそふしぎなれ（いかめしけれ）」とは『太平記』の正成評だ。

「正成一人いまだ生きてありと聞こしめし候はば、聖運（後醍醐天皇の運）はつひに開くべしと思しめし候へ」

この時代、人はぶれる。後醍醐天皇も例外ではない。

しかし正成は、このことばを貫く。これこそ、「時代の不思議」だったにちがいない。

★楠木正成　?―一三三六。

かくばかりたらさせ給ふ綸言（君主のことば）の
汗の如《ごとく》になど無《なか》（流）るらん
（『太平記』から）

《わづかに四十三日が中に皆亡び給ひぬるこそ不思議なれ》

『太平記』がそう驚きの筆で記すほど、自民党政権も民主党政権も――いやいや、鎌倉幕府の瓦解はあっけなかった。

「大業の速《すみやか》に成れるは、皆卿《けい》が力なり」

『大日本史』によると、身を寄せていた伯耆《ほうき》（鳥取県西部）から京に凱旋する後醍醐天皇は、兵庫で出迎えた楠木正成をそうねぎらったという。

「朕《ちん》の新儀（新方針）は未来の先例」

一三三三年夏、「新政」がはじまったとき、後醍醐天皇は豪語した。改革への気力はみなぎっていた。しかし、理念が先行し、現実の壁にぶつかった。そして実績のない公家たちに恩賞や中央の要職が多く割り振られると、二年後には早くも武家の蜂起がはじまった。

近年、政界トップの失言を戒める意味で引用されることの多い前ページの一文は、足利尊氏たちの挙兵に驚き、「今度の合戦で忠ある者には恩賞を賜る」と伝えた触書《ふれがき》の末尾に落書されていたという。

正成は、新政権に対する失望を肌で感じていたようだ。『梅松論《ばいしょうろん》』★によると、彼はこう言っていた。

「親類や一族でさえ、軍務を渋る。ましてや一般の民は……　天下が君に背を向けていること、明らかなり」

★梅松論　室町幕府の成立をつづった史書・軍記物語。作者未詳。

この上はさのみ異議を申すに及ばず、
さては討死仕《うちじにつかまつ》れとの勅定《ちょくじょう》（天皇のご意思）なれ。

（楠木正成　『太平記』から）

「近日、婆娑羅《ばさら》と称して極めて華美を好み、その流儀や服飾、目を驚かさざるはなし。頗《すこぶ》る物狂《ぶっきょう》。最も厳しく取り締まるべきか」

一三三六年、室町幕府が発足したさいに出された法令・建武式目の第一条（要約）だ。厳禁の対象のはずの婆娑羅はしかし、時代の象徴だった。

土岐頼遠《ときよりとお》という美濃の守護がいた。ある夜、光厳《こうごん》上皇の一行に出くわし、下馬を求められたとき、酔いにまかせて「何、院《いん》（上皇）だと？　犬《いぬ》というか。犬ならば射て落とさん」と言って矢を乱射した。

さすがに大問題となり、頼遠は死罪に処せられた。しかし、市中には「院の前で下馬せよというなら、将軍に出会ったら地面にはいつくばらねばならぬのか」とあざわらう声が聞こえたという。

頼遠は「婆娑羅大名」の一例。市中の冷笑は、権威を否定する婆娑羅の精神である。そしてこの時代ほど、皇族とその生命が軽視されたことはなかった。

楠木正成は違った。前ページに引用したのは、後醍醐天皇との最後の拝謁のあと、彼がもらしたことばだ。

このとき正成は「一時撤退」という理の謀《はかりごと》を説くが、帝は自分の体面を重んじるがゆえにこれを斥ける。

失望は大きかっただろう。それでも、正成は静かに死地に赴く。筆者はそこに、『古事記』が描く日本武尊の悲劇の再来をみる。

一旦《いったん》の身命を資《たす》けんがために、多年の忠烈を失ひて、
降参不義の行迹《ふるまい》を致す事あるべからず。

（楠木正成）

南北朝の混沌の原因は、野放図に権威を否定する時代精神「婆娑羅」だけではない。婆娑羅の台頭を促すような混沌が最高指導者層にもうかがえる。

「武家よりも、君の恨めしく渡らせ給ふ」

一三三四年、護良《もりよし》親王は、謀反の容疑で足利尊氏によって拘禁されたあと、こうつぶやいたという（『梅松論』）。

「武家」は尊氏、「君」は父・後醍醐天皇を指す。謀反の背景には、沈黙を守る帝がいる――という意味だ。

誠に残念なことだが、これは、護良親王の逆恨みではなかった。

翌年、鎌倉幕府の残党、北条時行《ときゆき》が信濃で挙兵し、鎌倉に迫ると、尊氏の弟、直義《ただよし》は護良親王を殺害させ、西に落ちのびる。

以降の数十年間、尊氏と直義、後醍醐天皇たちは、相手構わぬかのように手を握っては反目する。このころほど、敵味方がわかりにくい時代はない。

尊氏兄弟は源氏の嫡流に近い高貴な家柄だ。後醍醐天皇の血統についでは記すまでもあるまい。だが、『太平記』が時代の義を託したのは、彼らではなく、素性のしれぬ「悪党」の出身、楠木正成だった。最後の戦いに臨むさい、十一歳の長男、正行《まさつら》に与えた前ページのことばはこう続く。

「敵寄せ来たらば、命を兵刃《へいじん》に墜《おと》し、名を後代に遺《のこ》すべし。これをぞ汝《なんじ》が孝行と思ふべし」

罪業深き悪念なれども、我も左様に思ふなり。
いざさらば、同じく生《しょう》を替へて、この本懐を遂げん。
（『太平記』）

一三三六年五月（旧暦）、足利尊氏★軍との湊《みなと》川《がわ》の戦いで楠木正成の名は永遠に歴史に刻まれる。

だが、そこに至るまでの彼の心境は、複雑だった。

正成が属した南朝の総大将、新田義貞★は愛妾に迷って出兵を遅らせ、はては無駄な城攻めに意地になって勝機を逃していた。

「徳のない義貞を誅殺し、尊氏と和睦すべし」

この謀が却下されたとき正成は、「上に千慮ありと雖《いえど》も、武略では賤《いや》しき正成の申すこと違うべからず」と言って泣いた、と『梅松論』は記す。

しかし、すでに覚悟を決めたあとの正成の心はすんでいた。『太平記』によると、湊川の戦いの前夜、失意の将、義貞を訪ねた正成は「合戦はあなたが第一人者。ご判断はすべて正解でした」と慰めのことばをかけ、鼓舞したという。

正成は奮戦した。だが、衆寡敵せず、一族とともに自害の道を選ぶ。

前ページの引用はそのさい、「七度、人間に生まれ変わって朝敵を滅ぼしたい」と誓った弟、正季《まさすえ》に正成が応じたことばだ。

「賢才武略の勇士とて、敵も味方も惜しまぬ人ぞなかりけり」

尊氏びいきの『梅松論』の正成評である。一方、南朝方の『太平記』の評は少し複雑だ。

★足利尊氏　一三〇五―五八。室町幕府初代将軍。
★新田義貞　一三〇一―三八。鎌倉幕府討滅の殊勲者。徳川家康は義貞の子孫と称した。

彼はその抱懐している哲学の行者として、
最も美しく死んでいった。

（海音寺潮五郎『楠木正成』）

《智仁勇の三徳を兼て、死を善道に守る者は、古《いにしえ》より今に至るまで、この正成程《ほど》の者はなかりつるに、免《のが》るべきところを遁《のが》れず、兄弟ともに自害して失せにけるこそ、聖主再び国を失ひ、逆臣横《よこしま》に威を振るふべきその前表のしるしなれとて、才ある人は密《ひそ》かに眉をぞひそめける》

楠木正成の自害直後の『太平記』の記述である。少し難しいが、最初にたたえておきながら、「なぜかくも簡単に討死などしたのだ。それより、まず何よりも生きのびて、皇家の再興に尽くし、逆臣（足利尊氏）の台頭を阻止すべきではなかったのか」という批判がその論旨であることはお気づきと思う。

「もし聖運時至らずば、潜かに退きて命を全うして時を待たんとす」

やはり『太平記』によれば、正成は、以前このように述べ、軽々な討死を戒めている。自己矛盾でもあるようにみえる。

正成はしかし、彼の属する南朝の「時」は、もはやすぎ去り、永遠に戻ってこないことを知って（少なくとも感じて）いた。

ならばどう行動すべきか。前ページの引用は海音寺潮五郎の答えである。「美しかったればこそ、後世彼に感憤して立ち上る人が輩出したのだ」と続けられている。

海音寺は正成の哲学は朱子学にあり——とみた。が、筆者には少々異論がある。

楠木正成という人は魅力的な人です。

（司馬遼太郎）

《どこかの高等学校にいけば立派な教頭先生が務まるいい人です。いい人ですが、けっしてイデオロギッシュな人ではありません》(『司馬遼太郎全講演』)

そう前ページのことばは続く。司馬さんの発言ではあるが、少しうなずけない。

楠木正成は自著を残していない。だから彼のイデオロギー(思想傾向)を「これだ」とは断定できない。しかし、その生き方によって、彼は最も雄弁に自分のイデオロギーを歴史に刻んだ、と思う。

「正成は時勢を知っていた。しかもなお彼は時勢に逆行して、節義のために死んでいる。(中国史上最高の義人とされる)伯夷《はくい》叔斉《しゅくせい》以上の人物であると、ぼくは思うのである」

これは海音寺潮五郎の正成評だ。彼は正成の節義の源を、天子を絶対善とする、大義名分論(朱子学)の「最もよい意味での受容」と分析した。が、それだけであろうか。

かつて三島由紀夫は、大塩平八郎や吉田松陰、西郷隆盛の「ムダを承知の政治行動」に日本独自の精神をみ、その思想は「(日本に)風土化した陽明学」とした。

筆者は、松陰や西郷の思想の源流は、明の哲学者、王陽明ではなく正成にあると考える。

彼が命をかけて示した、日本武尊にその起源をもつ日本古来の武士道に——。

帰らじとかねて思へばあづさ弓
なき数に入る名をぞとどむる
（楠木正行）

楠木正成の長男、正行は、仁愛の心をもった名将だった。緒戦で足利尊氏方に勝利をおさめたさい、真冬の川に落ちた敵兵五百人をすくいあげたばかりか、けがの手当をし、着衣や武具、馬まで与えて返した、という（『太平記』）。

そんな正行が標的を定めたのが、尊氏の片腕以上の存在だった高師直《こうのもろなお》の首だった。

「病に侵されて世を去るようなことになれば、君には不忠、父には不孝、師直が頭を取るか、正行・正時（弟）の首が彼らの刃のもとに落ちるか――」

この決意を南朝の後村上天皇に伝えた彼は、最後の合戦の地・四条畷《しじょうなわて》に臨む。前ページの歌はそのさいに書き残した辞世である。

後村上天皇は「汝が頼りだ。命を大切にするように」とことばをかけていた。戦いが劣勢に転じたとき、「小勢だが、落ちのびることはできた」（『太平記』）という情況だった。

しかし、正行は父と同様、突撃を続け、自刃する道を選ぶ。

武家は死狂《しにぐるい》を重んじた。これは死を恐れず激しく行動するという意味で、行動の主体が生き残ることを前提とする。

だが、正行や正成にとって死狂とは、死所を求め、身を大敵の前に捨てることによって、歴史に大義と自らの生を刻むことだった。筆者は、そう感じている。

何の執心かあつて、一日片時の命をも惜しく思ひ候ふべき。

「人生まれて一日一夜を経るに八億四千の思ひあり」

といへり。


（恒良親王《つねよししんのう》）

『太平記』によると、一三三六年、後醍醐天皇は、まだ十代はじめの恒良親王に帝位を譲り（正史は認めていない）、自身は和睦した足利尊氏が待つ京都に赴いた。

一方、恒良親王は、尊良《たかよし》親王や新田義貞とともに北陸で反尊氏の旗をあげる。が、決起は半年で失敗に終わった。

「汝は股肱《ここう》の臣（自分の手足のような忠臣）なり。股肱なくして元首（頭）たる事ができようか」

義貞の長男、義顕から「われわれが自害する間に落ちのびあれ」と促されたとき、尊良親王はこう言って運命をともにする。

恒良親王はとらえられる。一年の幽囚ののち、親王は尊氏と弟、直義が彼を毒殺しようとしているると知る。

前ページにあるのはそのときのことば――と『太平記』は伝えている。「八億四千の思ひ」にいう「思ひ」とは、現世の悪因となる心の迷いの意。「富貴栄華にあってもこの宿命から逃れられぬという。ましてやこの幽囚の身だ。今生に未練はない」と親王は続け、自ら毒をあおぐ。

何という違いだろう。

この時代、婆娑羅大名の代表、高師直をはじめ、武家のなかには刀は折れず、矢もつきないうちに出家し、命ごいをする者さえいた。

二人の親王は、彼らに代わる武士道の具現者であった。

云ひ甲斐《がい》なき者どもかな。
ただ一軍《ひといくさ》に負けたればとて、落ち行く事やある。

（足利尊氏）

足利尊氏は後醍醐天皇に背いて室町幕府を開いた。直接手を下したかどうかは別として、彼が起こした争乱のなかで、多くの皇族の命が奪われた。彼は、北朝を樹立しながら、かつては二人三脚だった弟、直義を討つためには南朝と結ぶことさえ辞さなかった。

ところが、である。

「第一に身命を捨て給ふべきに臨む御事、度々に及ぶといへども、笑《えみ》を含みて怖畏（畏怖）の色なし。第二に慈悲天性にして、人を悪《にく》み給ふ事を知り給はず。第三に、御心広大にして物惜《ものおしみ》の気なし」

当時最高の禅僧、夢窓疎石《むそうそせき》はそう「尊氏の三徳」を挙げた、と『梅松論』は伝える。

確かに尊氏は、前ページのことばのように不屈の闘志で何度も死地を切り抜けた。鷹揚で人好きのする性格でもあったのだろう。慕い寄る家臣に恩賞を与えすぎ、室町幕府が「史上最弱の武家政権」と評される一因をつくってもいる。

いったいどの顔が本当の尊氏なのか。

実は筆者も当惑している。ために次の一節を、当座の答えとして記しておく。

「私がほんとの顔だと思っているすべての顔は実は仮面《めん》で、仮面だと思っていたのが、しんじつ、人の顔だったのかも知れぬ」（寺山修司『足利尊氏』）

かくれ住《すみ》て　花に真田《さなだ》が謡《うたい》かな

（与謝蕪村《よさぶそん》）

《我々なども、去年より俄《にわか》にとしより（年寄り）、殊《こと》の外《ほか》病者に成り申し候。歯なども抜け申し候。ひげなどもくろ（黒）きはあまりこれなく候》

名将、真田《さなだ》幸村《ゆきむら》★自身による近況報告。姉婿にあてた慶長十八（一六一三）年ころの筆とされている。当時、幸村は数えで四十七歳。関ヶ原の戦いで父、昌幸《まさゆき》とともに西軍に属したために、九度《くど》山（高野山）に蟄居《ちっきょ》してから、十三年がたっていた。

江戸中期の俳人、蕪村は前ページのように詠んだが、幸村は花は散りつつある、と感じていた。「とかくとかく年のより申し候こと、口惜しく候」

同じ手紙にそう記されている。このまま歴史に埋もれ生を終えるのか——という心の声が聞こえるようだ。そんな幸村に翌年、豊臣秀吉の遺子、秀頼が大坂城入城を招請する。

冬の陣（一六一四年）で徳川家康軍を翻弄した幸村の名は天下に鳴り響いた。

大坂方との和睦後まもなく、家康は幸村に、「三万石で召し抱えたい」と使いを出した。幸村が断ると、その申し出は「信濃一国」にはね上がった、という。しかし、彼の返事は変わらなかった。

「有難《ありがた》くはござるが、利欲のために心を翻すは、士《さむらい》の恥じるところでござる」

★真田幸村　一五六七―一六一五。

さだめなき浮世に候へば、一日先は知らぬ事、我々事など
は浮世にあるものとはおぼしめし候まじく候。　恐々《きょうきょう》謹言

（真田幸村）

敵味方に分かれた姉の婚家への書状の一節だ。

日付は旧暦の一六一五年三月十日。すでに大坂城の内・外堀は埋められ、半年前の冬の陣で東軍を悩ませた、出城・真田丸は毀《こぼ》たれていた。幸村は遠からぬ死を予期していたのだろう。

兄、信之は弟を「柔和忍辱《にんにく》にして強からず、言動少々にして怒り、腹立つことなかりし」と評した。

その挙措は夏の陣でも変わらなかったはずだ。時代は幕末だが、志士、吉田松陰は大事をなす人物をこう描いている。

《平時は大抵用事の外一言せず、一言する時は必ず温然《おんぜん》和気婦人好女の如し。是れが気魄《きはく》の源なり》

「大御所（家康）はいずくぞ。真田左衛門佐信繁《さえもんのすけのぶしげ》（幸村）見参！」

同じ年の五月七日。大坂城から撃ち出た幸村軍は、家康の本陣を攻め立て、その首に迫った。彼の丈夫ぶりは敵の有力大名までが、「古今にこれなき大手柄」「真田、日本一の兵《つわもの》、古《いにしえ》よりの物語にもこれなき」とたたえ、家康でさえ、その死を惜しんだ、という。

幸村は、下克上の残り香がまだ強烈な時代にあって、自身の一生に栄達や富貴ではなく、一瞬の輝きを求めた。

《きつかい（奇怪）とも御すいりやう（推量）候》

彼が長姉を通じて後世に残した手紙には、そう記されている。

侍《さむらい》たる者は常の者にかわる所一つあり。
恥にはなるまじきと思ふ所を恥《はじ》る事、眼前（明らか）なり。

（徳川家康★『本多平八郎聞書《ききがき》』から）

本多平八郎忠勝は、「徳川家康唯一の敗戦」とされる三方ヶ原《みかたがはら》の戦いで、一人奮戦した。このため、敵の武田勢から「家康に過ぎたるもの二つ、唐の頭（兜の飾り）に本多平八」とたたえられた猛将。「徳川四天王」の一人にも数えられている。

その平八郎が家康から授かった「金言」を記録したのが前ページの『聞書』である。

「たとへ堯舜《ぎょうしゅん》（中国の伝説の名君）ほどの智恵ありとも、己が心をたのむべからず。国家は臣下の智恵を用ひ、それより以下は家内朋友の智恵をよく用ひて、おのれが智恵をたのむべからず」

こう、家康は平八郎に武士としての恥の意識だけでなく、無私と表裏一体の帝王学を説いた。

また、《人の上に立置《たちおく》は、国家を守らせ、民百姓を安からしめん為なり。さらさら身の歓楽が本意にあらず》とも記されている。

「人の一生は重荷を負《おい》て、遠き道をゆくが如し。いかりは敵と思へ。勝事ばかり知《しり》て、負くる事をしらざれば、害其身《そのみ》にいたる。おのれを責て人をせむるな。及ばざるは過たるよりまされり」

これは「遺訓」から。そんな家康の哲学を三世紀後の家臣、山岡鉄舟《てっしゅう》はこう称している。

「身を修め心を養ふの道——神君（家康）之を名付けて武士道と云ふ」

★徳川家康　一五四二—一六一六。戦国の覇者。二六〇余年を数えた徳川幕府の初代将軍。

武士の思ふ心をはかるに、
武士は只《ただ》死ぬるといふ道を嗜《たしな》むと覚ゆるほどの儀なり。
（宮本武蔵★『五輪書』）

宮本武蔵は死を単に肉体が亡びることとはしない。彼は「太刀の持ちよう」という技術指導について、こうつづっている。

「居着く（物事に拘泥すること）は、死ぬる手也。居着かざるは、生きる手也」

剣において生死を決するのは、「心の持ちよう」とも武蔵は記す。ために、「心を直《すぐ》にして、我身のひいきをせざるやうに心をもつ事肝要也」。なぜなら、《太刀に奥口《おくくち》（奥義に通じる道）なし、構《かまえ》に極《きわま》りなし。唯《ただ》心をもつて其徳《そのとく》をわきまゆる事、是《これ》兵法の肝心》だからだ。

ここで武蔵は、剣の道のわくを超えて兵法を考えている。彼はつづる。

「大きなる兵法にしては、善人《よきひと》（有能な部下）を持つ事にかち、人数をつかふ事にかち、国を治むる事にかち、民をやしなふ事にかち、いづれの道におゐても、人にまけざるをしりて、身をたすけ、名をたすくる所、是兵法の道也」

そして「道」とは決して武士だけのものではない。だから武蔵は、後世のわれわれにこう語りかけている。

《死する道におゐては、武士斗《ばかり》にかぎらず、出家にても、女にても、百性（姓）已下《いか》に至る迄《まで》、義理をしり、恥をおもひ、死する所を思ひきる事は、其差別《しゃべつ》なきもの也》

★宮本武蔵　一五八四―一六四五。江戸時代初期の剣豪。二天一流の祖。

武道（武士道）は粗忽《そこつ》なれども無二無三しかるべきなり。

（山本常朝《つねとも》★『葉隠《はがくれ》』）

こうも言っている。
《曲者《くせもの》（非常人）といふは勝負を考へず、無二無三に死狂《しにぐる》ひするばかり也。是にて夢覚《さむ》る（心の迷いが取れ、本当の自分がよみがえる）也》
山本常朝は、江戸中期の佐賀（鍋島）藩士。時代を代表する武士道の書『葉隠』は、彼の発言録である。
《武士道と云《いう》は、死ぬ事と見付たり》
この有名な一文で誤解されがちだが、「死ぬ気で活路を見いだせ、生き抜け」というのが、常朝の文意である。
だから、以下、「常に死身でいるときは武士道に自由を得、一生落ち度なく家職をまっとうできよう」と続けられる。前ページのことばは、そんな哲学の出発点である。

一方で常朝は、気配りの人だった。「世は無常、人に悪しく思われて死ぬのは詮無《せんな》きこと。人を先に立て、争う心なく、礼を乱さず、へりくだり、自分のためには悪しくとも、人のためによきようにすれば、不和なることなし」の記述がある。

その常朝はことばの持つ力を知っていた。『葉隠』には、《武士は当座の一言が大事也。治世に勇を顕すは詞《ことば》也》と記されている。また、彼とは明示されていないが、葉隠には《死たるよりも見事なる一言あるものにて候》ともある。

ともに、現代という治世にも伝えられるべき大いなる金言である。

★山本常朝　一六五九―一七二一。佐賀藩出身。藩主鍋島光茂の側近として仕えたのち出家。

人は皆、天地の子孫なれば何のいやしきといふ者かあらん。

(熊沢蕃山《くまざわばんざん》)★

平等思想の父といえるフランスのルソーよりも百年も早く、「天は人の上に人を造らず」とした福沢諭吉よりも二百年早い。前ページに引用したのは、武家出身の思想家、熊沢蕃山の『夜会記』の一文だ。

彼の思想は直截。当時の失業問題である浪人の窮状解決を訴え、徳川幕府の五代将軍、綱吉の厳罰主義を「公方《くぼう》様御不仁」と批判した。

それゆえ、幕府の儒官の頂点に立つ林家は、当時起きた由井正雪《ゆいしょうせつ》や浪人たちの反乱未遂事件を「みな熊沢の妖言を聞く者也」と中傷した。こうしたことから蕃山は、三千石という高禄で召し抱えられた備前岡山藩の家老職を辞することになる。

蕃山は後半生に入ると危険人物視される。そして古河に幽閉されたまま、一六九一（元禄四）年、世を去る。

が、彼は記している。

「たとひ外には罪のとなへありとも、我心に恥る事なくば、心は広大高明の本然を失ふべからず」

蕃山は日本武尊や楠木正成ら十二人を士君子（文武を身につけた人物）とした。なかでも武蔵坊弁慶を特筆すべき「知仁勇の人」とみた。その理由を蕃山は弁慶のこんな気性に求めている。

「仁厚の心を持ち義理に感じやすく、泪《なみだ》もろ（涙もろい）なる者と見えたり」

★熊沢蕃山　一六一九―九一。江戸前期の儒学者。

善悪の理屈を知りたるのみにては、武士道にあらず。善なると知りたる上は直《ただち》に実行に顕《あら》はし来《きた》るを以《もっ》て武士道とは申すなり。

（山岡鉄舟★）

「丈《たけ》は六尺（百八十センチ）もあって、すべてのことが荒々しく、平素太い木刀を帯びて、その上、高下駄で闊歩《かっぽ》する。ずいぶん、乱暴なようにみえて、性質が義情によって作られているから、一寸も他人に迷惑をかけるふるまいはしたことがない。外見《そとみ》とは天地の違いであった」

盟友、勝海舟《かつかいしゅう》★の回想だ。

幕末を疾走した剣と書と禅の達人。勝とともに江戸が火の海になるのを救い、維新後は、明治天皇の信任が厚い侍従としてしられた、至誠の人。それが山岡鉄舟である。

《世人、剣法を修むるの要は、恐らくは敵を切らん為めの思ひなるべし。余の剣法を修むるや然《しか》らず。神妙の理に悟入（会得）せんと欲するにあり》

安政五（一八五八）年。鉄舟、満二十二歳の誓いである。のちに彼は無双の剣客に成長する。だが、このことばのとおり、生涯、人を切ったことはなかった。そんな彼は、次の死生観の持ち主だった。

「一体に死を恐れるのは卑怯《ひきょう》千万の事にて、云ふに足らぬ事なれど、又死を急ぐと云ふに至つては、合点のゆかぬ次第なり。生死に執着する人は、迚《とて》も大事を共にする訳《わけ》にはまゐらぬなり。斯《かく》の如きは本来我邦《わがくに》の武士道にはなき筈《はず》なり」

★山岡鉄舟　一八三六—八八。幕臣、のち明治天皇侍従。勝海舟とともに「幕末の三舟」。

★勝海舟　一八二三—九九。幕末・維新期の幕臣の白眉。江戸城無血開城を実現した。

イヤ生命《いのち》もいらぬ、名もいらぬ、金もいらぬ、
と云つた様な始末に困る人です。

（西郷隆盛）

《但《ただ》し、あんな始末に困る人ならでは、御《お》互《たがい》に腹を開けて、共に天下の大事を誓ひ合ふ訳には参りません》

勝海舟によると、そう西郷隆盛はことばを継いだ。「始末に困る人」とは山岡鉄舟。引用されることも多い西郷のこの名言は、幕末と明治維新を分ける江戸城明け渡し交渉のなかから生まれた。

「朝敵、徳川慶喜《よしのぶ》家来、山岡鉄太郎（鉄舟）、大総督府（関東征討軍の司令本部）へ通る！」

一八六八年三月九日(旧暦)。鉄舟は敵兵を前に大音声《だいおんじょう》でそう自己紹介し、駿府《すんぷ》（静岡市）に進駐していた大総督府参謀の西郷と会見した。

「最早《もはや》今日の我国に於《おい》て、幕府の薩摩のと、そんな差別はない。挙国一致だ、四海一天だ。天業回古の時機は今だ！」

勝が「当時こんな思想を持っていたものは、外にいなかったよ」と驚いた鉄舟の着想と至誠に西郷という山が動く。彼が道筋をつけた西郷・勝会談で、江戸城の無血開城が決まるのはその五日後だった。

「自分が住む国の仕事をしたまでだ。功績なんぞと誇り顔にする次第に非ず。拙者はなお今日、その及ばざるを恥じるのみ」

維新後、勲章授与の話が出たとき、鉄舟はそう言って辞退した。

実に、彼らしい。

武士道は人道と云ふてさしつかへないよ。

（勝　海舟）

なぜなら、「この道は武士でも、技師でも、医師でも、誰でも守らねばすまぬもの」だからだという。

勝海舟の盟友、山岡鉄舟も同じ思いだった。鉄舟は言う。

「拙者はわが日本国の前途を頗《すこぶ》る憂慮している。それゆえ、国民である以上は上は大臣宰相より、下は片山里《かたやまざと》の乙女《おとめ》童児に至るまで、だれでも（武士道を）心得ねばならぬと抱懐している」

だから鉄舟は、文官や貴族をも楠木正成と並ぶ武士道の実践者と呼ぶ。

一例は和気清麻呂《わけのきよまろ》。彼は、称徳天皇が寵愛《ちょうあい》した僧・道鏡《どうきょう》を「皇位につけよ」とする宇佐八幡宮の託宣を、身を捨てて「偽」と断じた。「清麻呂の心事、如何《いか》にも華ではないか。これぞ真の武士道である。此時清麻呂なかりせば、否、日本武士道なかりせば、本邦の爾後《じご》（の歴史）は如何ならん」とは鉄舟の清麻呂評だ。

鉄舟はその武士道のまま生きた。ために明治天皇が信任し、大臣・県知事から三遊亭円朝や九代目市川団十郎、清水次郎長《しみずのじろちょう》にいたるまで「先生」と慕った。

明治二十（一八八八）年、数えの五十三歳で死去。辞世めいたものよりも、次の和歌が彼という人を伝えている。

《晴てよし曇りてもよし不二《ふじ》の山　もとの姿はかはらざりけり》

武士道は、わが国の生気そのものであり、推進力であった。そしていまもなお、そうであり続けている。

（新渡戸稲造★『武士道』）

一九〇〇年、のちの国際連盟事務局次長、新渡戸稲造が世界に向けて出版した英文評論『Bushido（武士道）』。その論点をいくつか紹介したい。

一つは、「武士道とは？」という、遠大な問いへの答えである。

新渡戸は「義」や「仁」「名誉」「克己」などさまざまな側面から分析する。

「武士道の全教訓は自己犠牲の精神」とは、彼が至った結論の一つである。また『流血なく勝つをもって至上の勝利とす』。騎士（武士）道の究極の理想は結局平和にあった」とも記している。

次に欧米の思想や道徳との比較。

「真の武士にとって死に急ぐこと、もしくは死を恋うことは等しく卑怯だった」

この精神は近世の英国に共通する、と新渡戸は説く。と同時に、キリスト教文化にみられる自己称賛やマルクスの唯物論と武士道とは、相いれない、とする。

そして武士道が持つ、永遠かつ不変の価値。彼はこの名著をこう結んでいる。

「武士道は一つの倫理規範としては消えるかもしれない。しかし、その象徴である桜と同様、散りたる後も、人生を豊かにするその香気をもって、人類を祝福するであろう」

★新渡戸稲造　一八六二―一九三三。教育者。盛岡出身。農業経済学者。札幌農学校に学んだ後、米・独に留学。

4

経営者列伝

渋沢栄一

岩崎弥太郎

五代友厚

（国立国会図書館蔵）

政治界でもまた実業界でも、利を見て義を忘れている。
義利が合一せねば真正の文明も成し得られず、
真正なる富貴も期し難い。

（渋沢栄一*）

「私がもし一身一家の富むことばかりを考えたら、三井や岩崎（弥太郎、三菱財閥の祖）にも負けなかったろうよ。これは負けおしみではないぞ」

そう息子に語っていたという。

明治の草創期、まだ「官尊民卑」の時代だった。なのに渋沢栄一は、官でのエリートコースを捨て、民の育成に一生を捧げた。彼が関係した事業は、第一国立銀行の創立を皮切りに五百を超えた。

しかし、「自分は実業家のなかに名を連ねているが、大金持ちになるのが悪いという持論である」と公言していた通りの人生を送った。そんな彼に後世は、「日本近代資本主義の父」という称号を惜しまなかった。

幕末に志士として命がけで国事に奔走した経験があったからだろう。渋沢は起業に邁進《まいしん》しながらも、国家というものを考え、政治を憂えることを忘れなかった。前ページの一節はその一例である。また、次のことばは、時を超えた、政治家たちへの警句であろう。

「現今の多数政治というものは、あるときは悪いことでも多数であれば善いのだということになる。私らの常識では、まず善いというのが根本で、次に多数があるべきものなのだ」

★渋沢栄一　一八四〇―一九三一。武蔵国（埼玉県）出身。幕臣。維新後、大隈重信の説得で明治政府に仕える。

もつ人の心によりて宝とも
仇《あだ》ともなるは
こがね（黄金）なりけり
（昭憲皇太后）

「商才は、道徳をもって根底とす」

『論語』に着想を得た渋沢栄一の思想は「義利両全説」「論語算盤《そろばん》説」などと呼ばれる。その精神を伝えるために、彼は昭憲皇太后（明治天皇の皇后）の御集から前ページの和歌をよく引用した。

渋沢は「経済学の父」に同志をみた。

高潔の士が私利を追う行為は「神の見えざる手」によって公益に昇華される――。こうしたアダム・スミスの理論にふれた彼は、「利義（義利）合一は東西両洋に通じる不易《ふえき》の原理である」と述べている。

その渋沢が『論語』に信頼を置いたのは、「奇《き》蹟《せき》が一つも記されていない」からだった。彼は天命（神）についてつづっている。

「天は人格や人体を具《そな》えたり、祈願の有無によって、幸不幸の別を人の運命の上につける如《ごと》きものではない。天の命は人のこれを知りもせず覚《さと》りもせぬ間に、自然に行われ、（中略）手品師の如き不可思議の奇蹟などを行うものではない」

興味深いことに、渋沢の天命論はアインシュタインの思想と共鳴する。この科学の巨人は神（天）についてこう語っていた。

「私が信じるのは、存在するものすべての調和のなかにあらわれる神であって、人間の運命や行動にかかわる神ではない」

人世は不足がちのものである。
満足ということはむしろ有り得べからざるものである。
（渋沢栄一）

「士魂商才」を唱え、「義利合一」を説いた渋沢栄一は理念だけの人ではなかった。自己のみならず、国家社会の利益になる事業。「これは世の実業家が必ずいうところのことであるが、多くは言行不一致」と看破している。

「真正の利殖は仁義道徳に基づかなければ、決して永続するものではない」。渋沢はそう断言し、浮利《ふり》に踊る企業を批判した。

だが、どんなに正しく身を処しても、思わぬ逆境がふりかかってくるときがある。

渋沢を例にとると、図らずも幕臣となったが、その幕府があっという間に瓦解したこともあったし、立ち上げた銀行や企業が時流に先立ちすぎて苦境に陥ったこともあった。

前ページのことばは、そんなときの心の持ち方である。そして「来るべき運命を待ちつつ、撓《たわ》まず屈せず勉強するがよい」とすすめている。

さて、渋沢によれば、利害や欠点長所は「あざなえる縄のごとく」で、「人は欠点ばかりの人物であり得ぬように、美点長所ばかりの人物にもなり得ぬもの」だという。

では、そんな難しい「人世」にどう立ち向かえばよいのか。

「事業にあたっては悲観主義、人に対しては楽観主義」

これが彼の答えだった。

人の下に立つこと、たとえ死んでもできませぬ。
これはわが性格そのものでございます。

（岩崎弥太郎★）

ご存じの通り、岩崎弥太郎は三菱財閥の祖。

「決断の迅速と人を見るの明に富めることは時流を抜いていた」とは日本資本主義の父、渋沢栄一の岩崎評だ。

土佐（高知県）の地下《じげ》浪人（下級藩士の身分を売却した浪人）の長男。世が世ならば立身出世など夢のまた夢だったが、十八歳のとき、米海軍提督、ペリーが黒船を率いて来航したことが運命を変えた。

「後日英名を天下に轟《とどろ》かさざれば、再び帰りて此の山に登らじ」と故山の神社の門に大書して江戸遊学の旅に出たのは「黒船来航」の翌年（一八五四年）のことだった。

《事を為すには、之を与ふるの之を取る所以《ゆえん》なるを知らざるべからず》

「ギブ・アンド・テークの精神が成功の秘訣《ひけつ》」と要約してよいだろう。少壮時代から一貫した岩崎の信条だ。ゆえに「一度恩を受ければ後々まで頼まれ事がある」とも評されたが、彼が近代的な合理主義の持ち主だったことの裏返しでもある。

岩崎と渋沢は、敬愛し合っていたというが、両者の提携は、ついに実現しなかった。

なぜなら、株式会社主義の渋沢と、前ページのことばにみえる強烈な自尊心に裏打ちされた個人経営主義の岩崎との間で合意点が見いだせなかったからだ――と渋沢は回想している。

★岩崎弥太郎　一八三四―八五。

誠に私一生のあやまりにて御座候《ござそうろう》。
私も我身ながらあいそつき、ただ涙に暮申候《くれもうしそうろう》。

（岩崎弥太郎）

岩崎弥太郎が故郷・土佐の獄中から親戚に送った書簡にある。二十一歳。父を救うためという事情はあったが、無用の筆禍で彼は投獄されていた。

弥太郎は懲りない人だった。殊勝な手紙から三年後、晴れて土佐藩から取りたてられ、長崎に出張した。当時の日記には「鯨飲（豪快に飲酒）」「宿酔」「芸妓」の文字が並ぶ。まあこれも仕事の一部だったのだろうが、最後には任務途中で無断帰国したとしてクビになる。

ただ、こうした経験は弥太郎という人に幅をもたせたようだ。後年、彼はよく、失敗した部下に対して、「おれもそうだった。勝敗は兵家の常。貴重な経験だ。屈せず努力しろ」と励ましていたという。

弥太郎が坂本龍馬と親交を深めるのはこの少し後、再登用以降のことだった。

司馬さんの『竜馬がゆく』に登場する弥太郎は〝敵役〟の観がある。が、彼の日記には「龍馬と色々天下の事を談ずる」という記述がみえる。さることで、「龍馬に罪をかぶせられ憤然」となるが、その後も付き合いは続いている。

二人の性格にはよく似ているところがある。大人気を博した『龍馬伝』は誇張があるにせよ、案外、気心のしれた悪友――けんか仲間だったのかもしれない。

人間は一生のうち、必ず一度は千載一遇の好機に
遭遇するものである。

（岩崎弥太郎）

乱世の雄・岩崎弥太郎は幕末・維新期という「千載一遇」の好機に遭遇した。

と同時に、多くの困難にも直面した。最初の試練は、「人を使うこと」だった。

最下級の武士出身。独立独歩の性格と大言から、敵も多かった。

最初の社員は故郷・土佐出身者が主流だった。ために海運会社を興した弥太郎が「国内を制し、海外勢を駆逐するのだ」と檄《げき》を飛ばしても、〃過去〃を知るゆえに面従腹背の社員が少なくなかった。

現状打破のため、弥太郎は外部から若く、優秀な人材を次々と迎え入れ、トップダウンを徹底させる。

「当商会は会社の体を成すと雖も、其の実全く一家業にして（中略）故に会社に関する一切の事、社長の特裁を仰ぐ」

当時の社則である。「独裁」と後世からそしられようとも、弥太郎にすれば、すべて世界と闘うためだった。

社内での体制をととのえるや、弥太郎はまず国内競争に打ち勝ち、次いで米国、英国のライバル社を退ける。この間、熾烈《しれつ》な運賃の値下げ合戦を完遂するため、自分の給料を半減したこともあった。

「岩崎君は困難が増加するに従ひ、その精力はますます活動した。これが多くの難局を乗り切った所以で、岩崎君の岩崎君たるところだ」

盟友、大隈重信の弥太郎評である。

我は東洋の男児、胸中に蓄える計画を試みること十中二、三に過ぎず、ここに至る。命なるかな。

（岩崎弥太郎）

明治十一（一八七八）年のころだった。政府の第一人者、大久保利通がひそかに三菱の財力を調べさせた。

海運会社にはじまり、貿易に金融、倉庫、さらに造船や鉱業にまで手を広げる岩崎弥太郎の商法に対して、「三菱は国のあらゆる事業を独占しようとしている」という非難の声が上がってきたためだった。

結果、推定される総収入は当時の国家予算の二割に迫る一千万円強。純益は数百万円に上ることがわかった。大久保は「手遅れだ。もはや三菱をどうすることもできない」と驚嘆したという。

海運という、当時の国家事業を立ち上げるために明治政府が三菱を援助したことは確かだ。

しかし、弥太郎はむしろ、政府に対する反骨心をばねに事業を拡大していった。

最初に彼が覇権を争ったのは、日本国郵便蒸汽船。その名の通り、国の保護と岩崎のいう「政府之威勢」を誇っていた。

また明治十五年以降、政府は三菱財閥の抑制に転じ、半官半民の共同運輸が強力なライバルとして台頭する。

激烈な競争のなか、弥太郎は胃がんに倒れ、十八年二月、逝く。五十歳。前ページは末期のことばである。さらに「忠勤を尽す社員を飢えさせるな」と続けたともいわれている。

一人でない偉人、みんなして大勢の偉人、
もっとひろげるなら日本人としての大きな偉人を
私はつくりたい。

（本田宗一郎）

これまで、本章では、近代資本主義の父、渋沢栄一と三菱財閥の祖、岩崎弥太郎を追ってきた。筆者のみるところ、「ホンダ」の創業者、本田宗一郎は、渋沢の高遠な思想と岩崎の独立心を色濃く継承した昭和の経営者である。

「本田さんは泣きごとや人に頼ろうという発想は大嫌いでした。例えば、戦後の日本の産業界は、長い間政府の保護を受けていたわけですが、それに対しては、まっこうから反対していました」

ソニーの創業者、井深大《いぶかまさる》の述懐である。

本田には、独立独歩の精神と愛国心が同居していた。彼はつづる。

「国民には国家への義務（鳩山由紀夫元首相、民主党の小沢一郎元幹事長が問われている政治とカネの問題を明らかにすることも国民の義務の一つだろう）がある。こういう基本的な問題について、他人からとやかく指摘されることは最大の恥だ」

アイデアと情熱の技術者――。そんなイメージも強い本田だが、こんなことを言っている。

「技術そのものより、思想が大切だ。思想を具現化するための手段として技術があり、また、よき技術のないところからは、よき思想も生まれない」

前ページのことばは、その一つ。あえて説明するまでもないかもしれないが、一人の偉人ではなく、みなが得意を出し合って「日本人」という偉人をつくろう――という意味だ。いま、という時代にこそ求められる思想である。

日本の天皇制は、ほかの国がつくることも、お金で買うこともできません。それほど貴重な得がたいものを日本人は持っているのです。

（松下幸之助『日本と日本人について』）

経営の神様、松下幸之助《こうのすけ》の皇室観である。彼によると、広く人の意見を聞き、それを重んじることや和をもって貴しとすること、そして平和を愛好すること――こうした日本の伝統の精神は、「天皇制の中にみられる」という。

松下は、平成元（一九八九）年四月に亡くなった。九十四歳という高齢だったが、十二月二十三日の「平成の天皇誕生日」を迎えることはできなかった。これだけは心残りだったことだろう。

一方、昭和二十三（一九四八）年十二月二十三日、「今太閤」と呼ばれた経営者、小林一三《いちぞう》★は、東京裁判のA級戦犯七人に対する死刑が執行されたことを聞いた。彼は当時、公職追放処分中だった。

「私には政治に就《つい》て語る資格はない」

日記に、彼は複雑な心境をつづっている。

小林より三十年ほどあとに産声を上げ、松下よりも二年ほど長く平成を経験したホンダの祖、本田宗一郎に『一日一話』という著書がある。月日ごとに計三百六十六編を収載しており、天皇誕生日である十二月二十三日は、次の文章でしめくくられている。

《オレは今まで、自分のためにムキになって働いてきた。もうこれからはカネも名誉もいらん。他人に喜ばれることをしたい。それだけだな》

★小林一三　一八三七―一九五七。阪急グループや東宝、宝塚歌劇団を創設した名経営者。

仮令《たとえ》失敗し、破産しようとも、国家の事業を進め、後人を利するの小補ともならば、これ余が望み足れりとするなり。

（五代友厚《ごだいともあつ》）★

五代友厚は、渋沢栄一、岩崎弥太郎と並ぶ「明治の三大経済人」の一人といえる。薩摩藩の旧家に生まれ、父は町奉行だったから三人のなかで五代の家柄の高さは出色といえる。

しかし、「五代といふ男は、商人としては、随分無茶な男で、服装《みなり》などは一向にお構なし。（中略）飲食の欲は、極めて淡然《さっぱり》して洋食は大の嫌《きらい》、精の強い泡盛に、肴《さかな》は何時も紋切《もんきり》型の薩摩煮」だった、と庶民派ノンフィクションの祖、横山源之助は畏敬を込めて記している。

五代は薩英戦争で英国艦の捕虜になったことがある。そのころから開国を説き、幕末の欧州視察中に会社組織設立による富国をいちはやく提唱した。

維新直後は、外国人にも厳正な能吏として頭角をあらわしたが、明治二（一八六九）年、突然官職を辞した。そのあとは、いち経営者として商都・大阪の復興に努め、政府要人の復職要請にも首を振り続けた。

「西の渋沢」と呼ばれていたころ、ある知人が「君も儲けたろう。そろそろ起業より蓄財に集中したらどうか」と助言した。

前ページに引用したのは、「小成に安んずるは余が意に非ず。莫大《ばくだい》な富を為すも、後世に益なきは余の欲する所に非ず」と答えたあと、五代が続けたことばである。

★五代友厚　一八三五―八五。

人と己の論（意見）、五十歩百歩なる時は、
必ず、人の論を賞《ほ》めて採用すべし。

（五代友厚）

明治五（一八七二）年正月、五代友厚が、旧知の大隈重信（のちの内閣総理大臣、早稲田大学の祖）に提出した「諫言五カ条」の一文である。ほかに、「怒気怒声を発するは、徳望を失する原因なり」「己の欲さざる人に、勉《つとめ》て、交際を広められん」などの提言が並んでいる。

大隈は当時、明治政府の意思を決定する重職である参議の地位にあった。文章は丁重だが、その内容には、公権力にこびない五代の豪気さがうかがえる。また、この諫言は大隈のみならず、後世、人の上に立つものすべてに対する戒めであろう。

「如何様《いかよう》の事の到来も計り難きこと、人生の常に御座候」

同じころ、別の知人に出した手紙にそうある。

十年後、「北海道開拓使官有物払下げ事件」が発覚した。歴史の皮肉だろうか、〃当事者〃となった薩摩藩出身の開拓長官、黒田清隆と五代をやり玉に挙げる批判の急先鋒に立ったのは、大隈だった。

この事件には、政争が影を落としており、作家、織田作之助は「自らやましいところはなかったであろう」と五代に同情を寄せた。

五代は一切弁解をしなかった。彼は知人につづっている。

「世の中、一度は腕力に訴えねばならぬこともある。しかし、堪忍すべきは百年も堪忍しなければ、大事をなすことはできぬ」

五代は、大阪の為《ため》に尽して、借金以外何一つ残らなくなつて、その孫の行方さへ判《わか》らない。

(直木三十五『五代友厚』)

のちに日本最高の文学賞にその名を残す大阪出身の作家、直木三十五は義憤にかられていた。昭和七（一九三二）年発表の前ページの一文はこう続けられる。

「その努力に対して、君等は、一個の銅像を建てたまゝ、知らぬ顔だ。それでいいのか、人間として、大阪として、大阪人として？」

大阪のためだけではなかった。最晩年の五代友厚が力を尽くしたのが、岩崎弥太郎が創業した郵便汽船三菱と渋沢栄一や三井が支援する半官半民の共同運輸という二大企業の合併交渉だった。

当時もデフレだった。しかも三菱と共同運輸は激しい値下げ合戦を展開していた。

「一国内に於て両社互いに競争することは国家の為に非常に不利益なり」

このままでは笑うのは外国企業だけだった。

明治十八（一八八五）年九月、両社が合併した日本郵船というメガ海運会社の誕生を見届けるようにして、五代は逝く。

四十九歳。遺言らしい遺言はなく、うわごとではいつも国の前途を憂えていた。

直木が記したように、死後、彼の借金は百万円に上っていたことがわかった。鉱山や工場などを売却して返済すると、遺族にはいくらも残らなかったという。

5 信長と秀吉

織田信長像　古渓宗陳賛
（神戸市立博物館蔵）

豊臣秀吉像　弓箴善彊賛
（高台寺蔵）

死のふは一定《いちじょう》、しのび草には何をしよぞ。
一定語りをこすよの

（織田信長★、愛唱の小唄）

戦国の風雲児、信長が若いころから口ずさんでいたという。少し難解だが、明治の文豪、幸田露伴によればこんな意味だ。

「生あれば必ず死がある。死生憂ふるに足らず。人と生まれたからには、名を千年後にも残そうではないか」――。

天性か後天性か、ともあれ生死を超越できた信長にとって、彼が生まれた中世という時代はすべてが古くさく、しがらみにしがらんでいたようだ。

「神および仏に対する一切の礼拝、尊崇ならびに迷信的慣習の軽蔑者。霊魂の不滅や来世の賞罰などはない、とみなしていた」

宣教師、ルイス・フロイスがいだいた印象は、信長のそんな一面を伝えている。

「華奢《きゃしゃ》」だったという信長は、みかけによらず、恐るべき体力の持ち主でもあった。だから「桶《おけ》狭間《はざま》の戦い」では先陣を切り、石山本願寺と戦ったときには最前線で足軽に交じって駆け回って負傷し、大蛇探しのために真冬の池に飛び込み、馬と小舟だけで片道十五里（六十キロ）を一日で往復した。

信長は日本人離れしているのか。

「いや違う」と名著『豊臣秀吉』で山路愛山★はいう。

「日本人民の内には常に秀吉、信長、家康を生むべき要素あり、機会だにあれば必ず彼らを出《いだ》すべき約束あり」

★織田信長　一五三四―八二。
★山路愛山　一八六四―一九一七。史論家・評論家。平民主義と明治後期以降の保守派の雄。

軍《いくさ》に勝ちぬれば此の場へ乗りたる者は、
家の面目、末代の高名たるべし。ただ励むべし。

（織田信長　桶狭間の戦いで）

予言したとおりだった。一五六〇年五月、織田信長は尾張国（愛知県）桶狭間の戦いで「東海一の武将」の今川義元軍を打ち破り、義元の首をあげた。信長、二十六歳。この劇的な「政権奪取」によって彼の名は一躍、全国にとどろく。

桶狭間の合戦をめぐる「神話」と近年の研究については以前、紹介した（次代への名言・二〇〇九年五月十九日付、または新潮新書『一日一名言』の同日欄参照）から詳細を割愛する。ただ、論功行賞で信長は、義元を討ち取った家来よりも、何をさすのかわからないのが残念だが、「よき一言」を進言した家来の方に多くを報いたとされることは記しておきたい。

父、信秀が死去したのは一五五一年。以来、兄弟や主家の織田家と骨肉の争いを繰り広げ、尾張を統一した末の決戦だった。苦節十年。この間、のちの宿将、柴田勝家さえ一時は敵にまわっている。

こうした経験は彼の非情さを倍加させただろう。しかし信長は、「不良時代」の彼を口ずっぱくいさめ、彼を愛するゆえについに諫死した「じい」、平手政秀には感謝と温かい気持ちをもち続けた。

「おのれを虚《むな》しうするもののみが、悪党の魂に感動を与える」

悪党とは信長、そして「非情の英雄」の意だろう。信長の平手政秀に対する心理を『堕落論』の坂口安吾はそう説いている。

人はただ出づるこそよかりけれ
いくさの時も先がけをして

（豊臣秀吉★）

織田信長の正伝といえる『信長公記』に秀吉が登場するのは一五六八年、近江国（滋賀県）箕作山《みつくり》（城）の戦いからである。まだ木下藤《とう》吉郎《きちろう》と名乗っていた秀吉はすでに三十路を一つ二つ越えていた。のちの天下人にしては、日本史という舞台への遅いデビューだった。

不確かなことが多い秀吉の前半生のなかで、確かなことが一つある。十八歳のころ、信長に奉公して以来の傍若無人ともいえる「モーレツ社員」ぶりである。

「秀吉は物にこえ、さし出《いで》たる人にて有《あり》しかば、世の人ふかういなみつ（深く嫌った）」

そう小瀬甫庵《おぜほあん》★の『太閤記』にある。この書は秀吉に批判的で、事実関係にも種々誤りが指摘されてはいるが、別に伝えられた前ページの一首を考えると、この記述は信じてもよいだろう。

そんな秀吉をなぜ信長が重用したか。人を見る目があった、といえばそれまでだが、司馬さんは『国盗り物語』で、秀吉の視点から、こう説明している。

《むずかしい大将（信長のこと）じゃと人はいうが、なんの一つ鍵がある。この大将を好いて好いて好きまくって、その方角からのみひとすじにあたってゆけば、意外に人情もろいところがある》

★豊臣秀吉　一五三六―九八。
★小瀬甫庵　一五六四―一六四〇。儒医。豊臣秀次に仕えた。『信長記』の著者でもある。

何方《いずかた》をたづね候とも、それさまほどのは、又二《ふた》たび、
かのはげねずみ、相《あい》もとめがたし。

（織田信長から豊臣秀吉の妻、おねへの手紙）

「それさま」はおね（ねね）、ひどい言いようだが「はげネズミ」とは秀吉のこと。

したためられたのは大城郭の建設がはじまった安土《あづち》に信長が移り、秀吉は近江国（滋賀県）長浜城主だった一五七〇年代後半とされるが、少々説明を……。

おねが秀吉の浮気ぐせをこぼしているのを聞きつけたのだろう。

「あなたは以前お見かけしたときより倍も美しくなった。秀吉が不満をあれこれ申すなど言語道断、とんでもないことだ」

信長はこの手紙のなかでそう記したあと、前ページの一文、さらに「だからあなたも陽気に、でん、とかまえて焼きもちなどやかぬことです」と続けている。きめこまやか、見事な仲裁役ぶりである。

信長の案外な一面は武田信玄への手紙にもみえる。彼は贅を尽くした贈り物とともに「古今無双の名将と敬愛しております」といった内容の書状を送り続けた。すると、用心深い信玄もついには「信長の誠実さを見習うように」と家臣にさとすようになったという。

信長にすればもちろん、当時最強の武田軍団との衝突を引き延ばすための方便だった。

信長は、戦国きっての文の達人であり名優かつ外交官であった、といえようか。だからこそ、天下人たりえたのである。

「けしからぬ！」と信長様は激怒なさり、
秀吉様はとほうにくれた。

豊臣秀吉は少なくとも二度、主君・織田信長の逆鱗《げきりん》にふれたことがある。

最初は一五七七年。上杉謙信封じのために北陸の守備を命じられたにもかかわらず、無断で帰国してしまったのだ。

前ページの一文は、顚末《てんまつ》を伝える『信長公記』の現代語訳。原文では「曲事《くせごと》の由、御逆鱗なされ、迷惑申され候」とある。

この行動はともに任務にあたった先輩、柴田勝家と折り合いが悪かったから――とされるが、信長でなくとも激怒するだろう。

次の逆鱗はその二年後。

前非を悔いて播州（兵庫県南部）で猛烈に働いていた秀吉が帰国し、信長に面会を求めた。敵方の有力大名が降参してきたから許可してほしいという。

「事前に相談もせずに何を曲事を申すか！」

信長は秀吉を一喝し、戦場へ追い返した――という。

信長は神経質な上司だった。家臣はつねに忠誠心と実績を厳しくチェックされていた。

そんななか、秀吉はどうやって人生最大の危機を乗り切ったのか。

宿老、佐久間信盛が反面教師だろう。彼は信長から十九カ条にわたって無為をあげつらわれ、追放された。失策は倍旧の仕事と忠誠で報いる。それが生き残る道であり、結果として天下人への道でもあった。

人を切ること、秀吉嫌ひにて候。

豊臣秀吉は、いくつかの書状のなかにそう記している。

天下を統一するまでの彼は確かに流血を避けるところがあり、織田信長とは対照的――の観があった。そんな二人のちがいがきわだった一つの例が甲州の雄・武田勝頼への対応だろう。

長篠《ながしの》の戦い（一五七五年）で信長は、倍する軍勢とその圧倒的な火器（鉄砲）の威力で、父、信玄ゆかりの騎馬軍団をほこる勝頼軍を撃破した。

「数年の鬱憤《うっぷん》を散じ候」

合戦後、上杉謙信にあてた信長のこの書簡は、さらにこう続く。

「種々（降伏を）懇望せしむるといえども、攻め殺すべき覚悟に候、赦《ゆる》さず候」

これは、直接には岩村城という武田側拠点にたいする「覚悟」なのだが、信長は勝頼にも同様の態度でのぞんだ。一五八二年三月、没落の一途をたどっていた勝頼は、信長に攻め立てられ、一族四十人とともに自害に追い込まれる。

遠征先でこの報に接した秀吉は「何と殺生なことか。わしが信長様のそばにいれば、無理にでも勝頼を助命し、関東征伐の先鋒として活躍させたであろうに」とため息をついたという。

それからわずか三カ月後、信長と秀吉という主従の運命が大きく変転する。

我に謀反《むほん》するものあるまじ、
我ほどなる主はあるまじきに。

豊臣秀吉はよく、そう豪語していたという。自身の人間的魅力や人物眼についての自信がいわせたのだろう。

織田信長は、逆に近い考え方のはずだった。だから、用心に用心を重ねていたはずが、明智光秀の反心を見抜けず、一五八二年六月、数十人というまる裸同然の警備で京都・本能寺に宿泊していたところを襲撃され、自決する。

光秀を反逆に走らせた理由に定説はない。しかし、信長については「まさに一生の不覚」という点で、諸家の足並みはそろう。

本来なら起こりえないことが起こる。それも歴史であろう。

「上様（信長）は御別儀なく、御切り抜けなされ候。近江国（滋賀県）膳所《ぜぜ》へ御退《おの》きなされ候」

備中（岡山）に遠征していた秀吉はそんな書状でまず味方、そして交戦中の毛利氏の裏をかいて大技「中国大返し」をおこない、続く「山崎（天王山）の戦い」で光秀を討つ。

《この時から、この翌年四月、柴田勝家をたおすまでの秀吉は、男の緊張した時の最も美しい姿を見せている。ほれぼれとするほどのものがある》

海音寺潮五郎の名評である。日本を統一するのは本能寺の変から八年後、秀吉が五十代半ばにさしかかったころだった。

心やすくおぼしめし候べく候。
唐を取り候て、そもじさまの迎ひを参上申すべく候。
（豊臣秀吉）

一五九二年五月、秀吉が「そもじさま」こと母にあてた書状の一節である。当時、秀吉は肥前（佐賀県）にいた。朝鮮から「唐」（中国。当時の王朝は明）をめざす日本軍を統率するためだった。

成功を信じて疑わない無邪気な文面とは裏腹に、この出兵は当時も評判がよくはなかった。秀吉は「渡海して直接軍を指揮する」と言い出したが、後陽成《ごようぜい》天皇や徳川家康に押しとどめられている。

「日清・日露の戦争で大勝したあとでは太閤（秀吉）を英雄視し、太平洋戦争の結果これを侵略者扱いにするような人物論では、ちょっと、心ぼそい」

これは秀吉研究の第一人者だった桑田忠親の一文。だが、その桑田も秀吉の大陸出兵には「日本統一を実現させた秀吉の自尊心と、日本の国力に対する過信があった」と結論づける。

ただ、明治・大正期の代表的史論家、山路愛山の『豊臣秀吉』（岩波文庫）にはこう記されている。

「日本軍が乱暴したりというは非なり。朝鮮の史書にも支那の書にも日本軍よりはむしろ支那兵の乱暴なりしことを記したるが多きのみならず、日本軍は軍紀厳重にして朝鮮人を懐《なず》けんとする情あり、その志測るべからずなど『明史』にも記しあり」

せめての救いである。

やがて〳〵参り候て、口を吸い（接吻《キス》）申すべく候。

（豊臣秀吉）

「わたしの留守のあいだにほかの者にキスしてあげているのでしょうね」と嫉妬まじりの一文が続く。

「御拾《おひろい》さま」と呼ばれていた、一歳半の一人子、秀頼にあてた手紙にある。

溺愛である。一五九五年正月。秀吉は六十歳を目前にしていた。

織田信長の場合、実子多くして後継者に恵まれなかったが、秀吉は子宝そのものに、幸がうすかった。四十歳のころ、愛人との間に一男一女をもうけたものの、いずれも早世した、と伝えられているほかは、やはり早世した秀頼の兄、鶴松と秀頼以外に実子はなかった。

「天下を治むるほどの者には一定の大尺度あり。それに違《たが》いたらば、一門親族とて用捨《ようしゃ》はならぬ」

これは徳川家康のことばだ。もとは親族に甘かった秀吉だが、実子への溺愛ゆえに「用捨」をすてた。秀頼誕生までの後継者だった、甥《おい》の秀次を謀反の罪で切腹させ、一族を根絶やしにしたのは一例である。

前ページに引用している手紙の三年後、老いた秀吉は、おがむようにしてのちに豊臣家を滅ぼす家康に後事を託し、死去する。作家、池波正太郎はいう。

「あわれですよ、だから、そこにまたぼくらは秀吉に対する愛情を感ずるわけです」

6

晋作と松陰

吉田松陰
（松陰神社蔵）

高杉晋作
（国立国会図書館蔵）

これこの時、日本の日本たらんと欲するの日なり。

（高杉晋作★）

一八五八年、長州・萩。十八歳の晋作が九歳年上の師、吉田松陰にあてた書簡にある。

晋作に感動の一文を書かせたのは、京に吹いた新風だった。五年前の「黒船来航」以来、幕府の権威がゆらぎをみせるなか、岩倉具視《ともみ》を中心とした公家たちが朝廷の復権に動きはじめた、という報が晋作のもとにとどいたのだ。

徳川幕府のもとでは、日本は日本ではなかった。徳川家の血縁か直属の家臣の家系でなければ、日本という国の政治に参加できなかった。

異才をうたわれた松陰の師、佐久間象山も長く、「陪臣《ばいしん》（家来の家来）」という身分のために、国政に携わることができなかった。

「人は虫蟻《むしあり》にあらず」とし、天皇という「心の父」のもとでの草莽崛起《そうもうくっき》（在野のすべての志士の結集と決起）を説いた松陰。士庶（士農工商という身分）にとらわれぬ登用を叫んだ晋作。

十年後に成就する明治維新の平等思想は、この師弟においてすでに結晶化されていた。前ページに一文を引用したこの書簡からは、そんな新時代の息吹が伝わってくる。

が、平等を実現した社会では、権利や機会とともに責任がうまれる。

「国は一人をもって亡び、一人をもって興る」

晋作の一文である。いまもなお、求められる自覚であろう。

★高杉晋作　一八三九—六七。坂本龍馬と並ぶ幕末の夭折の英雄。

生を見ること死の如くば死は則ち生。

（高杉晋作の漢詩から）

《某《それがし》、少《おさなく》して無頼、撃剣を好み、一箇《いっこ》の武人たることを期す。年甫《はじめ》て十九、先師《せんし》二十一回《にじゅういっかい》猛士《もうし》（吉田松陰の雅号）に謁《えっ》す。読書行道の理《ことわり》を聞き始める》

晋作はそう回想している。

松陰に出会い、時代に開眼してから二年後、師弟に早すぎる永別が訪れた。

一八五九年十月二十七日（旧暦）、松陰は江戸・伝馬町《てんまちょう》獄の処刑場の露と消えた。

享年二十九。幕末の行方を決めた国家テロ「安政の大獄」に巻き込まれ、老中暗殺未遂で有罪とされたのだ。《身はたとひ武蔵の野邊《のべ》に朽ちぬとも　留め置かまし大和魂》が辞世として伝えられている。

「寅次郎（松陰の通称）の教えにつきましては、わたくしは一言一行ともおこなう気などありません」

半年後、父・小忠太にあてた手紙にそうある。まっ赤なうそだった。

「一身上は直言直行、傍若無人。が、国家のためには深謀深慮」

不思議な両面性を自称する晋作は、その派手な外見とは裏腹に、国を思うひたむきさを最も濃く松陰から受け継ぐ。

そして、「二十一回」を期しながら三度で潰《つい》えた師の「猛」（死生を顧みない壮挙）を「狂」と呼びかえ、発し続けるのである。

翼あらば千里の外も飛《とび》めぐり
よろづの国を見んとしぞおもふ

（高杉晋作）

「某《それがし》の心中の喜悦思うべし」

一八六一年九月（旧暦）、長州藩の上層部から「外国へつかわす」との内示を受けたときの心境を晋作はそう日記につづっている。前ページの和歌にもあるように世界を見聞するのは晋作の宿願だった。出発は翌年春。向かうは国際都市・上海だった。

「外国船は三百から四百隻、そのほかに軍艦十数隻という。支那人は外国人の使用人となっている。憐れむべし。わが国もこうならざるをえないのか。国防の成就を祈るばかりである」

到着直後の感慨である。晋作はそれから二カ月近く滞在したが、この第一印象と国防への思いは、その間、目のあたりにした亡国のありさまに一層強まったようだ。

だから、「何はともあれ海軍」ということで帰国途中に立ち寄った長崎で、「独断で蒸気船一隻を注文いたしました」と長州藩の先輩、桂小五郎に報告している。

だが、どうも帰国後の晋作は自分をもてあましていたようだ。英国公使館を焼き討ちにしたかと思うと、十年先に備える、と言って藩からの登用を断って頭を丸め、敬愛する平安末期の武家出身の歌人、西行にあやかって「東行《とうぎょう》」と称した。

《坊主頭《ぼうずあたま》をたたいてみれば　安い西瓜《すいか》の音がする》

当時の晋作のざれ歌である。

先生を慕《おも》ふて漸《ようや》く野山獄

（高杉晋作）

《去年断髪して草庵に臥《ふ》し
今歳は罪を得て野山に下る》

そんな漢詩もある。一八六四年三月、晋作は長州藩の拘置所・野山獄に終身刑の身となった。京都で不穏な動きを見せていた藩内の過激尊皇攘夷派の説得に失敗し、脱走した、というのが罪状だった。

しかし、当時の情勢を考えてみれば、幕府と薩摩・長州・会津各藩の主導権争いという時代の激動の渦に一人立ちむかい、吹きとばされた——といった方が真実に近いかもしれない。

晋作は獄中で国を思い、友を思い、野山獄に二度投獄されたあと、江戸で非業の死を遂げた「先生」、吉田松陰を思う。無力な自分に涙が空しく流れる。

そんなとき、「朝《あした》に道を聞かば夕べに死すとも可なり」(『論語』)の一文が浮かぶ。

やがてこの格言が「死生は度外に置くべし」という、かつて松陰が説いたことばと重なりあったとき、獄は彼にとって草庵となり、修道の場となった。

父の尽力で晋作は同じ年の六月、自宅謹慎に減刑される。するとまもなく、過激派が京都で暴発し、撃退される(蛤《はまぐり》御門《ごもん》の変)。さらには幕府が長州征討を決め、米英仏蘭による四カ国艦隊は長州・下関への砲撃を開始する。

時代が、晋作の登場をうながしはじめていた。

死後に墓前にて芸妓《げいぎ》御集め、三絃《さんげん》（三味線）など御鳴らし、御祭り下され候よう頼み奉り候。

（高杉晋作）

「登場した全権の様子はまるでルシファーのように尊大だった」と英国の外交官、アーネスト・サトウの回想録にある。

　戦火を交えた米英仏蘭の四カ国と長州藩による和平交渉。「全権」とは、謹慎をとかれ、急遽《きゅうきょ》長州藩代表として負け戦の処理にかり出された晋作である。

　直訳した「ルシファー」は「悪魔」の意味だが、英文学の最高傑作、ミルトンの『失楽園』に登場する堕天使の名前でもある。晋作を、人間的な魅力と悲哀をあわせもつこの名敵役にたとえたのは、さすがサトウ、なかなか目が高い、といえよう。

　以上は、一八六四年八月のこと。長州藩が薩摩・会津の連合軍との戦いに敗れ、松下村塾以来の盟友たちが殉職した「蛤御門の変」はその一カ月前。「征長（州）」に乗り出した幕府に恭順の意を示すため、前途洋々だった家老たちを切腹・斬罪に処したのは三カ月後である。

「朋友尽《ほうゆうことごと》く忠死、余独り生をぬすむ。あに恥じざらんや」

　晋作はこのころから維新のために家族、さらには自分の命を捨てる。

　そんな覚悟を告げた知人への手紙は、前ページのかぶいた一文に続いて、自分の墓碑銘を記し、こう結んでいる。

「死して忠義の鬼となる。愉快々々」

烽火《ほうか》四隣に起こり
またまさに我が狂を発せんとす。

（高杉晋作）

「英雄というものは、変なきときには貧民にまじって潜伏し、いざ変あらば、竜が舞うように行動しなければならぬ」

晋作は、彼の弟子を自称する田中光顕（のちの宮内大臣、子爵）にそう言っていたという。その有言実行の端的な例が次に紹介する「功山《こうざん》寺《じ》の挙兵」（「馬関（下関）の義挙」）だろう。

「これから長州男子の肝っ玉をお目にかけます！」

一八六四年十二月、晋作は銀世界を背景に大見得を切り、長府（山口県下関市）・功山寺をあとにした。

晋作がいう「回天回運」の挙兵だったが、付き従うのはのちの初代総理大臣、伊藤博文をはじめ、八十人ほど。このわずかな「革命軍」が、徳川幕府への忠誠を誓う恭順派で固められた長州藩政府をひっくり返し、維新への歴史の流れを急加速させる。

《動けば雷電のごとく

発すれば風雨のごとし》

後年、伊藤がささげた漢詩は決して誇張ではない。

前ページの詩（原文は漢文）は、幕府・諸藩の連合軍が、四方から晋作を中心とした長州新政府を包囲し、攻撃を開始しようとしていたころ、詠んだものだ。

《笑うて四隣に砲声が聞こえるを待つ》

という句もある。薄命の「乱世の英雄」が昇竜となるときがついに訪れた。

天朝の事を思ふに実に涕涙《ているい》（涙がこぼれ落ちること）の至りに堪《たま》らぬ事あり。

（高杉晋作）

少々意外の感があるのだが、晋作はよく泣いた。

前ページの一文の「天朝」には、天皇、朝廷、そして日本という意味もある。そのすべてを思うと、涙が出てたまらなくなることがある——といっているのだろう。一八六六年六月、長州藩と幕府との決戦を前に晋作と会ったさい、「そう語った」と坂本龍馬とならぶ土佐藩出身の志士、中岡慎太郎は記録している。

藩の興廃に命を捨てる覚悟だ。しかし、長州藩と幕府との間における、いわば私闘のために、欧米列強の侵略を受けようとしている日本の大危難を救えない現状を考えると、天下の志士たちにあわせる顔がない——。そう「はからずも赤心《まごころ》」をさらけだし、晋作は涙した、とも中岡は伝えている。

晋作の心は国を思い、死生を超えた。慎太郎の前で涙する二カ月前の漢詩はこう結ばれている。

《億万の心魂散って煙を作る
愚者英雄ともに白骨
真成《しんせい》（ほんとう）の浮世は直《あたい》（値）三銭》

海軍総督としての縦横無尽の活躍は、涙をのんで割愛する。長州藩が大勝利をおさめつつあった夏と秋の変わり目のころ、晋作は風邪をひいた。

それが、当時の死病・肺結核の症状をみせはじめるのに、さほどの時間はかからなかった。

己惚《うぬぼ》れで世は済《すみ》にけり歳の暮

（高杉晋作）

一八六六年秋にはじまった闘病は、高杉晋作にとって分がよいものではなかった。

「戦争中、風邪に当り、それより肺病の姿に相成り、すでに四十余日も苦臥まかりあり候」

そう知人に記したのは同じ年の九月下旬。その二カ月後には父、小忠太に「剛強ゆえ身を誤り、禍《わざわい》が親戚におよび慚愧《ざんき》の至り」としたためている。

前ページに引用したのは、晋作にとって最後の年の瀬に詠んだ一句である。

「世は済む」ということばに「この世での仕事を終える」「この世に満足する」さらには、「この世をきれいにする（澄む）」という意味をかけているのだろうか。辞世とされる「面白きこともなき世におもしろく」という句に通う境地が感じられる。

明治維新の前年となる翌一八六七年の四月、晋作は没する。

享年二十七。彼の晩年は、大悟や感傷だけでなく、愛国の情や前進ということばでも彩られる。最後に求めた書は、たゆまぬ「至誠」を説いた師・吉田松陰の主著『講孟余話』。また、見舞いの後輩たちにくりかえした次の遺言は、後世のわれわれへの激励でもある。

「ここまできたのだから、これからが大事じゃ。しっかりやってくれろ」

Ⅲ　和華一如

7 子、曰わく

孔子

孟子

朱子

王陽明

志士は溝壑《こうがく》に在《あ》るを忘れず。
勇士はその元《こうべ》を喪《うしな》うを忘れず。

（孔子★）

「志士というものは、自分の遺体が路傍に捨てられる覚悟をもち、勇士は自分の首がはねられる覚悟をもつ」

幕末の志士の生涯を語るときによく引用されるこのことばは、孔子が曰《のたま》わった――と孟子の言行録『孟子』にある。

ここで説明を少々。孟子は孔子に私淑《ししゅく》したとはいえ、孔子の死去から約一世紀後に生まれているから、直接に教えを受けたわけではない。また、孔子の言行録『論語』には、前ページのことばは見あたらず、『孟子』が収載した孔子の言には、信憑性が疑われるものもある、という。

しかし、「孔子」のことばとしてさしつかえないだろう。というのも、仁愛を説いた孔子がその一方で備えていた、こんな激しさをよく伝えているからだ。

《子曰わく、志士仁人は、生を求めて以て仁を害することなし。身を殺して以て仁をなすことあり》

東洋史の大家、宮崎市定《いちさだ》は「公平に孔子を評価し、素直に論語を理解するには日本人がいちばん適している」とつづっている。

また、日本人が最も親しんできた思想家といえば、やはり孔子だろう。しばらく、彼とその弟子たちの人とことばをたどってみたい。

★孔子　前五五一―前四七九。中国の春秋時代の思想家。儒学の祖。

子云《のたま》う、吾《われ》、試《もち》いられず、故に芸ありと。

（『論語』）

孔子は紀元前六世紀の中ごろ、中国・魯《ろ》（現山東省）に生まれた。だが、世界の偉人にもかかわらず、その後の彼の前半生については不明な部分が多い。

たとえばその家系。中国史の第一人者だった貝塚茂樹は、孔子の父は侍大将にまで昇格した、新興武士階級の剛の者――と解説した。

一方、『字訓』で著名な中国古代文学者、白川静は「孔子は巫女の子であった。父の名も知られぬ庶生子だった」とする説を打ち出している。

二つの巨星は、孔子伝の祖・司馬遷《しばせん》の「孔子世家」（『史記』）への評価でも対照的だ。「読者の胸をうつ、出色の出来栄え」とする貝塚に対し、白川の評は「『史記』のうちで最も杜撰《ずさん》」である。

孔子本人は過去をどう語っているのだろう。『論語』にこうある。

《吾、少《わか》くして賤しかりき。故に鄙事《ひじ》に多能なり（私は若いころ身分が低かった。ためにつまらぬことがいろいろできるのだ）》

前ページの一文の「芸」も「多能」と同義である。だから「私は世に登用されることがなかった。それゆえに多能なんだよ」となる。

一つだけ確かなことがある。

孔子は身分的な辺境に生まれ、逆境や失望が続いた。それでも、決して屈することのない人だった。

三十にして立つ。
四十にして惑わず。
五十にして天命を知る。

（孔子）

『論語』で最も引用されるこの一節は《吾十有五（十五歳）にして学に志す》ではじまるから、孔子が自身の一生を振り返ったことばだ。そして《六十にして耳順《したが》う（人のことばを素直に聞く）。七十にして心の欲する所に従って矩《のり》を踰《こ》えず（心のままにふるまっても度をはずすことはなくなった）》と続けられる。

《後生（青年）畏《おそ》るべし》

この一文もよく引用されるが、この後《四十、五十にして聞こゆる（評判となる）ことなくば、これ亦《また》畏るるに足らざるのみ》と締めくくられるのはご存じだろうか。

「アラフォー（四十歳前後）」とは近年の流行語だが、孔子は四十代を人生の最も大きな岐路と考えていたようだ。だから、こうも言っている。

《年四十にして悪《にく》（憎）まるるは、其れ終わらんのみ（まあおしまいでしょうね）》

こんな逸話もある。

古なじみの「ろくでなしの原壌《げんじょう》」が、だらしなく待ち受けているのを見た孔子は、こう言ってそのすねを杖《つえ》で打った。

「幼くしてつつしまず、長じて何の評判もなく、年を取ってもくたばらない。こんな奴を賊（害）というのだ！」

わが不惑、知命世代の戒めとしたい。

その身を正しくすること能《あた》わざれば、
人を正しくすることを如何《いかん》せん。

（孔子）

「人を正すにはまずわが身から」という意味のこの一文は、実は政治家について述べたものだ。だから前文には「わが身を正しくさえすれば、政治に従事しても困難などない」とある。わが国で最近、民主・自民を問わず、短命政権が続くはずである。

「これを売らんかな。我《われ》は賈《かい》を待つ者なり」

孔子はこう言って政治家として登用されることを望んだ。しかし、その機会はなかなか現れず、用いられたときも、目立った功績を残せなかった。

孔子が生きた春秋時代という戦乱の世に彼を理解できる君主はおらず、同僚のねたみもあったからだ。何より孔子は、使われる人ではなく、使い、道を示す人だった。

「歴代の聖人は皇位や王位を譲り合って道を伝えたが、孔子に至ってその地位を得られず、著作で後世の天下国家を治める者に残した」

儒学中興の祖、朱子のことばである。

「精神を集中して怠りなく、行うにはまごころをもって」

門弟から、「政治とは？」と問われたときの孔子の答えである。そうそう、臣下としての心得を聞かれたとき、孔子はこう応じている。

「欺いてはいけない。しかし、争ってでも諫めよ」

死して後已《や》む。亦《また》遠からずや。

坂本龍馬《りょうま》をはじめ、幕末の志士の生涯を象徴するこのことばの主は、『論語』の記載では、孔子の弟子、曾子《そうし》である。

《士（君子）は以て弘毅（心が広く、意志が強いこと）ならざるべからず。任重くして道遠し。（君子は）仁を以て己が任となす。亦重からずや》

「死して後已む」の前文だ。中国史の泰斗、貝塚茂樹によると、この曾子の一節が全体として、「人の一生は重荷を負て、遠き道をゆくが如し」という徳川家康の有名な遺訓のもとになったことに「疑問の余地はない」という。

〈あるとき、孔子は曾子に「吾が道は一つで貫かれている」と言った。「はい」と答えた曾子に門人があとでその意味を尋ねると「先生の道は忠恕《ちゅうじょ》（誠実さと思いやり）のみ」と答えた〉（『論語』）

曾子は孔門の俊英のようにみえる。ところが中国古代文学の鬼才、白川静によれば、彼は最晩年の弟子であり、この問答の事実性は「疑問」という。

でも、次のようなことばを残しているところをみると、曾子もやはり君子だったにちがいない。

「吾、日に三つのことを反省する。人のために忠だったたか。友に信だったたか。知ったかぶりで話をしなかったたか」

中行《ちゅうこう》（中庸《ちゅうよう》を得た行為）の人を得てともに行動することがかなわぬならば、必ずや狂狷《きょうけん》（の人）か。

（孔子）

「中庸」は、孔子が「至れり（最高）」と評した徳のこと。その定義は難しいが、ここでは「過不足ない判断と行為がいつもなされること」としておく。

現実世界では、こうした至上の徳をもつ人に出会うことはめったにない。ならば狂の人か狷の人とまじわろうではないか——というのが前ページの一文の趣旨である。ここで狂とは、独断と紙一重だが、積極進取の気性、狷とは、かたくなな半面、節義を守る気性のことだ。

反対に孔子が最もさげすんだのが「郷原《きょうげん》」だった。これは「忠信の心があり、清廉潔白のようにみえるために人望は厚く、本人も自分に満足しているが、実は汚れた世に媚びを売る偽善者」（『孟子』）のことだ。

ただ、乱世では、狂の人さえ求めがたかった。孔子はいう。

「昔の狂は『おおらか』だったが、いまは『勝手気まま』にとって代わられている」

これも、「いまも昔も」といえるだろうか。孔子は、政界に郷原の同類が横行していると感じていたようだ。門弟との、こんな問答が残されている。

「近ごろの政治家はどうでしょう」

「ああ、利に走るつまらぬ者たちだ。あげつらうにも足らない」

日本人、孔子の教えを学ぶは（門弟の）子路より入るべし。

（吉田松陰）

前回、中庸（過不足ない判断と行動）と狂（独断的だが進取の気性）の話をした。孔子の門弟でいえば、中庸に最も近かったのが顔回《がんかい》、狂は子路《しろ》だった。

「学を好む。自分の怒りを他に向けることなく、過ちを繰り返さず。顔回以外にいまだ学を好む者を聞かず」

これは孔子の顔回評だ。弟弟子である曾子はこういっている。

「才能があってもなきが如く、充実していても空虚の如く、そしられても動じない」

孔子の「後生畏るべし」のことばは、顔回を念頭に置いたともいう。その顔回が早世したとき、孔子は、「天が我を滅ぼすのだ」といって慟《どう》哭《こく》した。

子路の趣はかなりちがう。

「野卑で武勇を好む。心はまっすぐで激しい」（『史記』）

入門前には孔子に無礼を働いたことさえあるこの人物はしかし、師を思う気持ちがだれよりも強く、数々の危難をともにする。中国古代文学者、白川静によれば「源義経につかえる弁慶のような人物」。また、幕末の志士、吉田松陰は前ページの一文をこう続けている。

「その日本武士道の如き気性、甚《はなは》だよし。その風、その気性、日本の武士にとりて実に学ぶべきの好手本なり」

樊遅《はんち》（孔子の門弟）、仁を問う。
子の曰《のたま》わく、人を愛す。

（『論語』）

孔子の教えの根本をかたちづくる仁。前ページにある問答の答えは明快、「仁＝愛」と理解していいように思える。だが、ほかの門弟との対話をみると、「仁とは？」の答えはかなり複雑である。

「『恭寛信敏恵』の五つを天下に行うことができる者を仁とする。恭なれば侮られず、寛なれば人望を得、信なれば人に信用され、敏なれば功あり、恵なれば人を使うに足る」

これは子張《しちょう》への答え。別のところでは、「剛毅木訥《ぼくとつ》、仁に近し」とも「仁者は必ず勇あり。勇者は必ずしも仁あらず」ともいっている。

「克己し、礼に復《かえ》るを仁となす」

そう孔子が答えた相手は、高弟の顔回。仲弓《ちゅうきゅう》には仁を「己の欲せざる所は人に施すことなかれ」と説いた。しかし、「他人が自分にするのを好まないことを他人に行いはしない」と〝仁者宣言〟した子貢《しこう》に対しては一言「汝の及ぶところに非ず」。

どうやら深入りしすぎたようだ。儒教中興の祖、朱子がこう批判する通りである。

「後生は仁の解説に専念するばかりでこれを育む方法をゆるがせにしています。だからその説は得体が知れず、弊害百出。かえって仁というものを全く知らず、ただ愛として理解する方がましなほどです」

孔子を称して偉大なる平凡人というても適当であろう。

（渋沢栄一）

なぜなら、英雄や豪傑というものは、卓越した長所や特殊技能がある半面、非常な短所や欠点もある。ところが、孔子には「特別なる長所といふべき所なき代りに、これといふ短所もない」からだという。

念のために付記すると、渋沢栄一は孔子をそしっているのではない。「だからこそ、至高の人なのだ」というのが、日本における株式会社の父、渋沢の意である。

さて、「論語算盤《そろばん》説」を提唱した渋沢によると、『論語』はビジネスマンにとって金言の宝庫だ。

たとえば《利に放《よ》りて行えば怨《うら》み多し》

渋沢は「利益ばかり考えて行動すると、恨まれることが多い」という原義から「真正の利殖は仁義道徳に基づかなければ、決して永続するものではない」と解釈する。

「仁者は己が立たんと欲してまず人を立て、己が達せん（目的を成就させよう）と欲して、ためにまず人を達す」

渋沢は、この『論語』の一文の仁者に、ビジネスの世界と人生における真理をみた。その一方で、彼は仁の〝安売り〟に警鐘を鳴らす。そんな渋沢の次のことばは、孔子の心にもかなうはずだ。

「空理空論なる仁義は、国の元気を喪《うしな》わせ、生産力を薄くし、ついには国を滅亡させる」

いまだ生を知らず。いずくんぞ死を知らん。

（孔子）

旧暦で紀元前四七九年四月、孔子は故郷・魯で没した。数えで七十三歳とも七十四歳ともいわれている。

司馬遷の『史記』が描く、その晩年は哀しい。病床の孔子は《泰山それ壊《くず》れんか　梁（横木）柱それ摧《くだ》けんか　哲人それ萎《しお》れんか》と詠んで涙し、「天下に久しく道がないのに、だれもわたしを登用しようとはしない」と嘆いた。死去は、その七日後だったという。

当時はまだ、孔子は孔子ではなかった。

孔子は数多くの思想家の一人に過ぎず、傑出した存在ではなかった。弟子の数は後世には「三千人」とも伝えられたが、実際はもっと少なかったにちがいない。

「君主から賢人に至るまで、人物は数多いが、ただ一時の栄えのみで、没後は問う人もない。孔子は布衣《ほい》の身（平民）ながら、その道は十余代に伝えられ、学者はこれを本宗としている」（『史記』）

それゆえ、司馬遷は孔子を「至聖」とした。

筆者にとっては、ドイツの哲学者、ヤスパースの次の一文が胸に残る。

「孔子は陽性で開放的、自然である。そして、神格化されることを断固として拒絶する。彼は、欠点をもった市井《しせい》の人として、いまもなお生きている」

人はみな人に忍びざるの心あり。

（孟子★）

儒教において聖賢とは、孔子（聖）と孟子（賢）を意味した。

その孟子が生をうけたのは戦国時代。孔子が放浪の一生を送った春秋時代以上の乱世だった。

そんななか、孟子は「人は生まれながらにして善である」と説いた。弱肉強食と下克上、疑心暗鬼の世を、人間本来の心を取り戻すことによって克服しようと考えたのだろう。

前ページの一文は孟子がその説の本質を説明した一節にある。「人に忍びざるの心」とは「惻《そく》隠《いん》の心」。よちよち歩きで井戸に近づき、落ちそうになる幼子《おさなご》をみると、思わずかけ寄り、助けようとする心情のことだという。

《惻隠の心なきは人にあらざるなり》と孟子はいう。そして「惻隠の心は仁の端《はじめ》なり。悪を憎む心は義の端なり。謙譲の心は礼の端なり。善悪を見分ける心は智の端なり」と続ける。

人はみなこの「四端」を持っているのだ、というのが孟子の性善説である。

孟子のこの思想を日本化した一人が、文豪、幸田露伴だった。

「かわいいという意味のめ（愛）ぐしはむごしやあはれ、かなしと相通じるのだ」

露伴はそう表現した。父が伝えたかったのは、人が生来もっている惻隠と仁愛の心だったのだ——と次女の作家、文《あや》が気付いたのは、後年のことだった。

★孟子　前三七二頃—前二八九頃。

天下国家を治《おさめ》るものは、孟子をよくよく味《あじわ》ふべし。
我《われ》は左様に思ふなり。

（徳川家康）

そう、徳川家康は腹心の本多平八郎に語っていたという。

乱世にあって孟子は仁愛の政《まつりごと》を説き、「上に立つものほど仁の徳を備えよ」と説いた人。だからこうも言っている。

「仁者のみ、高位にあるべし。不仁にして高位にあるは、これその悪を民に広めることなり」

孟子はまた、理念を現実に移すことがいかに難しいかをわきまえていた。ために仁愛の政治家をこう評している。

「仁愛の心があり、仁者であるという君主の下でも、人民はその恵みを受けない。仁政を行えないからである」

ひところの「友愛」の政治もかくのごとし、であろう。

さて、その孟子は、仁義ならざる君主についてこう断じている。

「仁をそこなう者を賊といい、義をそこなう者を残虐といいます。そのような者はすでに君主ではなく、一人の男にすぎません。一人の男・紂《ちゅう》(伝説の悪王)を誅殺《ちゅうさつ》したという話は聞いたことがありますが、主君を殺したという話は聞き及びません」

江戸時代、「『孟子』を載せた船は沈む」と言われる原因となった放伐《ほうばつ》(易姓《えきせい》革命)論である。

家康はこの大胆な教えをどう「味わった」のか。

知るすべはない。ただ、徳川家から紂王が出なかったことは確かである。

自ら反《かえり》（省）みて縮《なお》ければ（正しければ）
千万人と雖《いえど》も吾《われ》往《ゆ》かん。

（孔子『孟子』から）

私淑した孔子と同様、孟子の前半生には不明な部分が多い。

彼は紀元前四世紀に鄒《すう》という小国の名族の分家に生まれたということだが、貧窮していたらしく、生年も父母の名前も、わかっていない。歴史にその姿をあらわすのは、彼がすでに齢五十の坂を越してからのことだ。

「ようこそ先生。さてわが国にどんな利益をもたらしてくださるのか」

「なぜ利益、利益とおっしゃるのか。仁義こそ口にすべきことばです」

そのとき、以上の会話を梁《りょう》（魏）国の恵王と行ったことが、言行録の『孟子』に記されている。そして孟子は、次に訪れた大国・斉《せい》で、国政の最高顧問に迎えられる。


生い立ちのゆえだろう。孟子は〝民本主義〟をその思想の核心とした。彼はいう。

「民を貴しとなし、社稷《しゃしょく》（国家）これに次ぎ、君（君主）を軽しとなす」

そして前ページのことばを体現するような意志の人だった。ために利益優先の世では敵や中傷も多く、宮仕えは長く続かなかった。

しかし、孟子は、くじけはしなかった。こんな彼のことばが残っている。

「『俗衆の非難や中傷は絶えずとも　誉れは永遠に』というではないか。聖君の文王や孔子もまた、そうだった」

恒産《こうさん》（一定の財産や収入、定職など）ある者は
恒心《こうしん》（ぐらつくことのない道義の心）あり。

（孟子）

《力を以て人を服せしむ者は心服せしむるに非ざるなり。力足らざればなり》

現代の政治・会社組織にも通じる明察ではないだろうか。そう説いた孟子は、力の代わりにまず仁と義を、そして前ページのことばからもうかがえるように、経済的な豊かさをもって国をただし、経営するよう求め続けた人だった。

孟子はまず、あらゆる方面での減税を提言した。さらに農地を開放し、農民に平等に分配せよ、とも訴えた。

こうした斬新な改革案は、彼が生きた当時は省みられることは少なかった。しかし、世紀を経るごとに実現されてゆく。

「聖人の治世においては、豆類や穀物類が水や火のように豊富である。そうなれば人民も自然に礼節をわきまえるようになり、不仁な者などいない」

こんな孟子の思想の後継者が、経営の神様、松下幸之助だった、といえば驚かれるだろうか。松下は記している。

「一つの信念が生まれた。この世の貧しさを克服することである。道端の水道を人が飲んでもだれもとがめない。これは水が豊富だからだ。結局生産者はこの世に物資を満たし、不自由を無くするのが務めではないか」(『夢を育てる』)

誠は天の道なり。誠を思うは人の道なり。
至誠にして動かざる者、いまだこれあらざるなり。

（孟子）

孟子の教えを象徴することばだ。

《仁とは人なり。義とは宜（是非のけじめ）なり。合わせてこれをいえば道なり》ともある。誠・仁・義のいずれも、人が歩むべき道に通じるということだろう。

道は、為政者こそがわきまえなければならないものだった。孟子は言う。

「国家の災害とは、兵器が足りないことでも、財貨が集まらないことでもない。上の者が道を知らぬために下の者が法を犯すようになり、乱が起って国が亡ぶことだ」

幕末の志士、吉田松陰はそんな孟子を愛した。彼の主著は『孟子』を論じた『講孟余話』。また、「至誠にして――」は晩年の彼の信念だった。

しかし松陰は、孟子の《君に過《あやまち》あれば諫め、反復して聴かれざれば去る》という一文については「仁義の真義を知らず」と論難している。「平気で二君に仕えるとは何事か。去るのではなくとどまり、諫死するのが道ではないか」といいたかったのだろう。

松陰が孟子に覚えた違和感。それは日中両国の国民性の違いの象徴であろう。

ただ、こと孟子に関しては、この一文は役職に恋々としないという決意の表れであり、彼はその教えゆえ、君から去るのではなく、追われる人だった。

舜（中国の伝説の聖君）も人なり
我も亦《また》人なり

（孟子）

《凡《すべ》て類を同じくする者は、挙《みな》相似たり。聖人も我と類を同じくする者なり》

努力をすればだれでも聖人君子になれる――というのは孟子の信念だった。では聖人君子とは一体いかなる人物なのか。

「その心を省みる（反省する）をもってなり。君子は仁をもって省み、礼をもって省みる。仁者は人を愛し、礼ある者は人を敬す」

この一節が孟子の答えだった、といってよいと思う。

しかし、彼が生きた戦国時代は、「昔の君子は、過ちと気がつけばすぐに改めたものだが、このごろの君子は改めるどころか、そのまま押し通そうとする」という乱世（現代もまた、その意味では乱世であろう）だった。

司馬遷の『史記』によると、孟子の教えは、その理想主義のあまり、「どこにいっても相手にされなかった」。

孟子は晩年、門弟とともに故郷に帰り、著述に専念したというが、没年はわかっていない。没後から宋代まで約十五世紀にわたって孟子は、「諸子百家の一人」にすぎなかった。その彼を、「聖」の孔子に比肩する「賢」の地位に高めた人物がいた。

前ページの一文や「聖人も我と同類」のことばに一生の感動を覚えた儒教中興の祖、朱子である。

学問をおさめようとする場合には、
かならず聖賢とならねばならぬ。

（朱子★）

ナンバーワンへのススメである。
やる以上は「二番」ではなく、至高、至上を目指す。だから、たとえいたらずとも、流す涙や苦闘、苦悩の軌跡は美しく、努力そのものが人生の糧となる。

朱子は「中国史上最高の思想家・学者」とされ、地方行政官として大飢饉を救い、大減税を行った人物。彼は学問とは「科挙《かきょ》（最難関の官吏登用試験）合格や爵位、収入を目的とするものではない」とする。そして「知を極め、心を正し、身を修めることによって家を整え、国を治め、天下を安んじるに至ってこそ本当の学問である」と論じている。

朱子は学問を小学と大学の二つに分けた。『世界の名著・朱子』（中央公論社）によると、小学とは掃除やあいさつから親を愛し、目上を敬うことに至るまで、幼少のころに身につけるべき節度や教養のこと。大学はこうした小学を修得してから、さらに深遠な道理をきわめ、政治的技術や理念を学ぶことだ。

そして朱子はいう。

「学ぶ者は高遠なところ（大学）ばかりをねらって、身近なところ（小学）から実行しようとしない。それでどうして大きな問題が処理できよう」

現代人の耳にも痛い金言である。

★朱子　一一三〇―一二〇〇。南宋時代の思想家。

思えらく、聖人もまたなし易しと。
今はまさに難しとおぼゆ。

（朱子）

朱子は十代のときに読んだ『孟子』のなかの「聖人も我々と同じ人間なのだ」という一節に大感激し、「聖人になるのはたやすい」と思った。しかし、今感じるのは……というのが、前ページの一文の意味である。

「私は『論語』や『孟子』など四書の研究に一生を費やし、ほぼ定説ができました。けれども近頃これを読みますと、一、二の重大なところでまだ誤りがありますので、たえず修正添削しています」

朱子の注釈は「新注」と呼ばれ、後世に絶対的な権威をもった。でも、右や前ページのことばを考えると、朱子という人は生涯、まだ見ぬ頂点と理想を求めてたゆまぬ努力を続けていたことがわかる。

江戸時代、朱子学は君臣関係の絶対性をうたう大義名分論の本家として、官学に位置づけられた。しかしながら、朱子学の本質は「性即理」や「未発と已発《いはつ》」「格物致知《かくぶつちち》」などといったことばを使って人間や宇宙というものをきわめることにある。

朱子学は、高度に思索的な学問なのだ。ために日本の儒者のなかにも「理を言う事はよくてもわが国の風土に合わぬ事多し」(熊沢蕃山《ばんざん》)という声があった。

中国でも異を唱える後生が現れた。勇武の思想家、王陽明である。

学はこれを心に得ることを貴ぶ。
これを心に求めて非《ひ》なるや、その言、孔子といえども
あえて是《ぜ》となさざるなり。

（王陽明《おうようめい》★）

王陽明は書聖、王羲之《ぎし》を遠祖にもつ名家の出身。幼時は腕白《わんぱく》で有名だったが、「科挙《かきょ》合格が天下で一番大事」と説く塾教師に対し、「ちがいます。学問をして聖賢になることです」と答えた逸話が残っている。

その言が災いしたか、科挙には二度失敗する。しかし、「世間は不合格を恥とするが、私はそのために心が動揺するのを恥とする」とめげず、三度目の挑戦で合格。仁義と武勇に優れた高官としてしられる一方、偉くなっても遊び人たちと居酒屋の付き合いを楽しんだという。

格物致知ということばが四書の『大学』にある。十二世紀の朱子は「個々の物を究明して知識を極める」と解釈した。

三世紀後、陽明は朱子のことばを信じ、庭にある竹を見つめ続けることでその真をきわめようとした。が、一週間後、彼は何も悟ることなく病に倒れる。

「格物致知とは、『わが心と外界を格《ただ》（正）して（良）知を発揮する』だ」

のちに陽明はそう確信し、朱子を否定する。また彼は自らを狂者と呼び、前ページに引用したように孔子さえ聖域とはしない。

そして三島由紀夫によれば、この型破りな思想は完全に日本化されてわが国に根を下ろすのである。

★王陽明　一四七二―一五二八。明代中期の思想家。

人は天地の心にして、天地万物はわが一体なるものなり。
ゆえに民の艱難《かんなん》困苦はわが痛みの切なるものなり。

(王陽明)

五十歳代後半、最晩年に近づきつつあった王陽明の一文である。

陽明は若いころ、任侠や勇武、文学、老荘思想、さらに仏教に溺れた（陽明の五溺《ごでき》）。

儒教にめざめはじめた三十代半ばには、宦官《かんがん》の横暴を明の皇帝に訴えたために逆に投獄され、杖《つえ》打ちの刑を受ける。

そして刺客に狙われながら、はるか西方の貴州・竜場に流刑となる。

この辺境の地で陽明は悟りを開いたとされるのだが、まだ完全ではなかった。五十歳をすぎたころ、彼は門弟にこう語っている。

「私には四十五歳までまだ郷原《きょうげん》の心（うわべを飾り、媚びる心）があった。今は自らの良知を信じ、狂者となって、世にわが教えを行動で問うてゆく」

「狂」は独断と紙一重だが、遠大で進取、孔子が至上の徳・中庸の次に価値をおいた気性である。ただ、陽明の場合、民ゆえの狂――という要素が加味される。彼は言う。

「天下の人心は皆わが心なり。天下の人、なお狂を病む人あり。我《われ》が狂とならない理由があろうか」

そんな陽明の教えは乱世の志士を魅了する。

「私は陽明学だけを修めるわけではない。ただこの学の真《まこと》、往々わが真と合う」

吉田松陰のことばである。

人間というものは、現実にぶつかって錬磨するという
修行を経てはじめて、大きく前に進む。

（王陽明）

現場主義である。王陽明は静ではなく、動のなかに人間がいる、と考えた。その結果、知行《ちこう》合一《ごういつ》という教えに至る。

「人は知と行を二つに分け、まず知るということがなければ、行うことはできないと考える。そして、当面は講習討論によって知を錬磨し、真に知り得た後に行いを錬磨しようとする。ために死ぬまで何も行わず、また死ぬまで何も知らないでいる。これは重症である」

「知行合一」は、自己とその外界を正して良知（至善、性善）に至るとする、陽明の別の教え「格物致知」と一体である。

陽明学はかくも行動を説く。そして前回紹介したように、民の悲しみを自分の悲しみとし、自らを狂とする。この思想が日本に輸入され、共感者が現世に矛盾を感じたとき、歴史が動く。

「わが友大塩は陽明学を好むが、良知に名を借りて、中国の陽明学者のような無軌道な事はしないと信じている」

江戸期の史論家、頼山陽《らいさんよう》のそんな期待は裏切られる。一八三七年、「救民」の旗を掲げ、大塩平八郎は商都・大坂で決起する。

早稲田大学の祖、大隈重信によれば、大塩とともに、西南戦争で自らの意思とは関係なく、悲劇の主人公を演じざるをえなくなった西郷隆盛もまた、陽明学という「噴火山の破裂」した一人だった。

この心、光明なり。またまた何をか言わん。

（王陽明）

死の床にあった王陽明に門弟が「ご遺言は?」と問うと、「かすかに笑って答えた」という、まぎわのことばである。

一五二八年十一月二十九日。享年五十六。はるか西方の反乱軍を平定し、帰郷の途についた矢先。日本に戦国の覇者・織田信長が生まれる六年前のことだった。

「朱子学と陽明学とを比較すると、日本人には陽明学の方が朱子学よりも適している」

近世中国思想研究の第一人者だった岡田武彦はそう記す。体験を主とし、実践を重んじるという精神や、自然と人と神とを一体化する日本人の考え方は陽明学に通じるからだという。

日本に輸入された陽明学は武士道と融合する。そして独自の深化をみせ、幕末期に吉田松陰や西郷隆盛ら多くの志士を生む。

また明治維新後には、中国革命の父、孫文や蔣介石★らが「日本の飛躍の源は、陽明学(三島由紀夫ならば『日本陽明学である』と訴えるであろう)にあり」と同胞に逆輸入を訴えた。

しかし陽明は「わがことばを永久不変の教えとするな」と言う。道や真理への答えは、時代や環境、その人によって異なってくるからだ。

このふところの深さゆえ、陽明学は日本と世界に不朽の歩みを刻んだのであろう。

★蔣介石　一八八七―一九七五。中国の国民政府の初代総裁。共産党政権樹立後、台湾に。

あとがき

時代の変革者たちは多く、悲劇の主人公として生を終える。

彼らはときに、最後のことばを残す時間も与えられることなく、非命に斃《たお》れる。従容《しょうよう》と死につくことはできなかっただろう。未完の事業や見果てぬ夢をそのままにして旅立っていったにちがいない。

しかし、後世は彼らを敗者ではなく、勝者としてとらえ、その志を引き継ぐ。

《吾《わ》れの得失、当《まさ》に蓋棺《がいかん》の後を待ちて議すべきのみ（わが人生の可否はわが棺のふたが閉じられたあとに決するのである）》と吉田松陰の遺書『留魂録』にある。そう意識していたか否かは別として、そうした生涯を送ったものが時代の変革者になりえた。

ということは、現世利益と名声を追うことに汲々としているかぎり、時代を変革することはできないということだ。

これが、「序」でふれず、あえてこの場にゆずった、本書の三つ目のテーマである。以上で「あとがき」にかえる。

末尾となって恐縮のきわみだが、最後までお付き合いいただいた方々に、厚く謝意を申し上げる。同時に、東日本大震災で亡くなられた方に心からの追悼の意を表し、被災地の復興をお祈りする。

主な引用・参考文献

（敬称略。全集など著者が書名でわかるものは著者名を割愛している）

【各編共通の基礎資料】

日本国語大辞典　全二十巻（小学館）▽日本歴史大事典　全四巻（小学館）▽Encyclopaedia Britannica 2006 Ultimate Reference Suite DVD▽明治ニュース事典　全八巻、大正ニュース事典　全七巻、昭和ニュース事典　全八巻（いずれも毎日コミュニケーションズ）▽新潮日本文学辞典▽集英社版日本の歴史16～20▽日本の近代1～5（中央公論新社）▽日本外交史辞典（外務省）▽近代日本総合年表（岩波書店）▽新国史大年表第六巻（国書刊行会）

【『坂の上の雲』をゆく】

坂の上の雲（一）～（八）（司馬遼太郎著、文春文庫）▽秋山好古（秋山好古大将伝記刊行会）▽秋山真之（秋山真之会）▽この国のかたち 一（司馬遼太郎著、文藝春秋）▽子規全集第十八、十九、二十二巻、別巻一～三巻（講談社）▽明治文学全集53　正岡子規集（筑摩書房）▽熊本籠城談（児玉源太

郎口述、白土幸力）▽児玉陸軍少将欧洲巡廻報告書（監軍部）▽クロパトキン大将ノ日露戦争回想録ニ対スルウィッテ伯ノ弁駁（偕行社）▽児玉源太郎（宿利重一著、マツノ書店）▽明治の文学第20巻　正岡子規（筑摩書房）▽正岡子規の世界（寒川鼠骨著、六法出版社）▽日本の名著35　陸奥宗光（中央公論社）▽人物叢書　秋山真之（田中宏巳著、吉川弘文館）▽東京朝日新聞・明治三十八年一月三日付朝刊▽朝日新聞・昭和四十二年六月五日付朝刊、同年九月七日付朝刊

【『竜馬がゆく』の風景】

竜馬がゆく（一）～（八）（司馬遼太郎著、文春文庫）▽坂本龍馬全集（増補改訂版、光風社出版）▽勤王文庫第四編（「英将秘訣」、有馬祐政編、大日本明道会）▽坂本龍馬関係文書一、二（東京大学出版会）▽龍馬の手紙（宮地佐一郎著、講談社学術文庫）▽坂本龍馬伝（別冊歴史読本、新人物往来社）▽坂本龍馬事典（新人物往来社）▽坂本龍馬事典（加来耕三著、東京堂出版）▽坂本龍馬歴史大事典（新人物往来社）▽中岡慎太郎全集（宮地佐一郎編、勁草書房）

【武士道の系譜】

新編日本古典文学全集1　古事記（小学館）▽新編日本古典文学全集2　日本書紀①（小学館）▽近松全集第十一巻（「日本武尊吾妻鑑」、岩波書店）▽日本古典文学全集30　平家物語 二（小学館）▽玉葉（藤原（九条）兼実著、国書刊行会）▽日本古典文学全集31　義経記（小学館）▽愚管抄（慈円著、岩波文庫）▽新訂増補　国史大系32　吾妻鏡第一（吉川弘文館）▽梅松論（日本歴史文庫）▽新日本古典文学大系55　室町物語集㊦（岩波書店）▽新編日本古典文学全集54～57　太平記①～④（小学館）▽訳文大日本史巻の一百六十九（徳川光圀著・山路愛山訳、後楽書院）▽蕪村俳句集（岩波文庫）▽蕪村

全集第九巻（講談社）▽日本思想大系38　近世政道編（「本多平八郎聞書」、岩波書店）▽五輪書（宮本武蔵著、岩波文庫）▽日本思想大系30　熊沢蕃山（岩波書店）▽蕃山全集第五冊（名著出版）▽日本の名著11　中江藤樹・熊沢蕃山（中央公論社）▽日本思想大系26　三河物語　葉隠（岩波書店）▽日本の名著17　葉隠（山本常朝著、中央公論社）▽鉄舟随感録（山岡鉄舟筆記・勝海舟評論、国書刊行会）▽武士道（山岡鉄舟口述、大東出版社）▽剣禅話（山岡鉄舟著、徳間書店）▽山岡鉄舟の武士道（勝部真長編、角川文庫）▽明治戊辰山岡先生与西郷氏応接筆記（山岡鉄太郎述）▽Bushido : The Soul of Japan（新渡戸稲造著、IBC Publishing）▽武士道（新渡戸稲造著・矢内原忠雄訳、岩波文庫）▽司馬遼太郎全講演第3巻（朝日新聞社）▽寺山修司の戯曲6（「足利尊氏」、思潮社）▽露伴全集第十七巻（「日本武尊」、岩波書店）▽人物叢書　日本武尊（上田正昭著、吉川弘文館）▽人物叢書　源義経（渡辺保著、吉川弘文館）▽少年小説大系　少年講談集　別巻2（「真田幸村」、三一書房）▽真田幸村のすべて（小林計一郎編、新人物往来社）▽真田幸村（山村竜也著、ＰＨＰ新書）▽集英社版日本の歴史⑧　南北朝の動乱（伊藤喜良著）

【経営者列伝】

雨夜譚―渋沢栄一自伝（岩波文庫）▽論語と算盤（渋沢栄一著、大和出版）▽雨夜譚余聞（渋沢栄一述、小学館）▽渋沢栄一伝記資料別巻第六（竜門社）▽岩崎弥太郎日記（岩崎弥太郎　岩崎弥之助伝記編纂会）▽近代日本企業家伝叢書5　五代友厚伝（五代龍作編、大空社）▽五代友厚伝記資料第四巻（日本経営史研究所編、東洋経済新報社）▽新輯昭憲皇太后御集（明治神宮）▽得手に帆あげて（本田宗一郎著、三笠書房）▽私の手が語る（本田宗一郎著、グラフ社）▽本田宗一郎「一日一話」（ＰＨＰ研究所）▽俺の考え（本田宗一郎著、新潮文庫）▽岩崎弥太郎（弘松宣枝著、民友社）▽岩崎弥太郎（南海漁人著、集文館）▽岩崎弥太郎（松村巌著、内外出版協会）▽岩崎弥太郎（山路愛山著、東亜堂書房）▽岩崎弥太郎伝（岩崎弥太郎　岩崎弥之助伝記編纂会）▽人物叢書　岩崎弥太郎（入交好脩著、吉川弘文館）▽直木三十五全集6（「五代友厚」、示人社）▽横山源之助全集　第三巻（「明治富豪史」、明治文献）▽定本　織田作之助全集第三、四巻（「五代友厚」「大阪の指導者」、文泉堂出版）▽渋沢栄一翁、経済人を叱る（村山孚編、日本文芸社）▽ものづくり魂（井深大著、サンマーク出版）▽日本経営史講座2　工業化と企業者活動（由井常彦責任編集、日本経済新聞社）

【信長と秀吉】

信長公記（太田牛一著、角川文庫）▽現代語訳　信長公記㊤㊦（太田牛一著・中川太古訳、新人物往来社）▽新日本古典文学大系60（太閤記、岩波書店）▽織田信長の手紙（桑田忠親編、角川文庫）▽回想の織田信長（ルイス・フロイス著、松田毅一・川崎桃太編訳、中央公論社）▽フロイス日本史1、2（中公文庫）▽常山紀談㊤㊥㊦（湯浅常山著、岩波文庫）▽坂口安吾全集第四巻（冬樹社）▽太閤豊臣秀吉（桑田忠親著、講談社文庫）▽桑田忠親著作集第五巻▽豊臣秀吉㊤㊦（山路愛山著、岩波文庫）▽歴史を探る・人生を探る（池波正太郎著、河出書房新社）▽露伴全集第十五巻（岩波書店）▽織田信長事典（新人物往来社）

【晋作と松陰】

吉田松陰全集　第一～十巻、別巻（大和書房）▽東行先生遺文（高杉晋作著、東行先生五十年祭記念会）▽高杉晋作全集㊤㊦（奈良本辰也監修、新人物往来社）▽高杉晋作史料二、三巻（一坂太郎編、マツノ書店）▽A Diplomat in Japan（Sir Ernest Satow, Stone Bridge Classics）▽高杉晋作の29年（一坂太

郎著、新人物往来社）▽ひとすじの蛍火　吉田松陰　人とことば（関厚夫著、文春新書）

【子、曰わく】

論語（金谷治訳注、ワイド版岩波文庫）▽大学・中庸（同）▽孟子㊤㊦（岩波文庫）▽世界の名著3　孔子・孟子（貝塚茂樹責任編集、中央公論社）▽中国文明選3　朱子集（朝日新聞社）▽世界の名著　続4　朱子・王陽明（中央公論社）▽陽明学大系第二、三巻（王陽明㊤㊦、明徳出版社）▽王陽明伝習録（溝口雄三訳、中央公論新社）▽筑摩世界文学大系5　論語　孟子　大学　中庸（筑摩書房）▽史記4　世家㊦（司馬遷著、ちくま学芸文庫）▽陽明学（鉄華書院編、木耳社）▽論語講義（渋沢栄一述、明徳出版社）▽孔子伝（白川静著、中央公論新社）▽王陽明小伝（岡田武彦著、明徳出版社）▽朱子学と陽明学（島田虔次著、岩波新書）▽孔子（貝塚茂樹著、岩波新書）▽Die Grossen Philosophen（Karl Jaspers 著、Piper）▽ヤスパース全集第22（孔子と老子、カール・ヤスパース著・田中元訳、理想社）

ま　行

や　行

ら　行

わ　行

た　行

な　行

は　行

さ　行

人名索引

あ　行

か　行

著者紹介

関 厚夫（せき・あつお）

1962（昭和 37）年、大阪市出身。同志社大学英文学科卒。86 年、産経新聞入社。大阪本社社会部（大阪地検特捜部、遊軍担当）、ドイツ・ケルン大学への留学（社費）を経て 98 年から 2003 年までベルリン支局長。現在は文化部編集委員。著書に『一日一名言　歴史との対話 365』（新潮新書）や『ひとすじの蛍火　吉田松陰　人とことば』（文春新書）、『詩物語　啄木と賢治』（扶桑社）、『吉田松陰　魂をゆさぶる言葉』（PHP 研究所）、『次代への名言 政治家篇』（藤原書店）など。

次代《じだい》への名言《めいげん》　時代《じだい》の変革者篇《へんかくしゃへん》

2011 年 4 月 30 日　初版第 1 刷発行 ©

著　者　関　厚　夫
発行者　藤　原　良　雄
発行所　株式会社 藤　原　書　店

〒 162-0041　東京都新宿区早稲田鶴巻町 523
電　話　03（5272）0301
FAX　03（5272）0450

印刷・製本　中央精版印刷

落丁本・乱丁本はお取替えいたします　Printed in Japan
定価はカバーに表示してあります　ISBN978-4-89434-799-1

後藤新平の全生涯を描いた金字塔。「全仕事」第1弾！

〈決定版〉正伝　後藤新平

（全8分冊・別巻一）

鶴見祐輔／〈校訂〉一海知義

四六変上製カバー装　各巻約700頁　各巻口絵付

第61回毎日出版文化賞（企画部門）受賞　　全巻計49600円

波乱万丈の生涯を、膨大な一次資料を駆使して描ききった評伝の金字塔。完全に新漢字・現代仮名遣いに改め、資料には釈文を付した決定版。

1　**医者時代**　前史～1893年
医学を修めた後藤は、西南戦争後の検疫で大活躍。板垣退助の治療や、ドイツ留学でのコッホ、北里柴三郎、ビスマルクらとの出会い。〈序〉鶴見和子
704頁　**4600円**　◇978-4-89434-420-4（2004年11月刊）

2　**衛生局長時代**　1892～1898年
内務省衛生局に就任するも、相馬事件で投獄。しかし日清戦争凱旋兵の検疫で手腕を発揮した後藤は、人間の医者から、社会の医者として躍進する。
672頁　**4600円**　◇978-4-89434-421-1（2004年12月刊）

3　**台湾時代**　1898～1906年
総督・児玉源太郎の抜擢で台湾民政局長に。上下水道・通信など都市インフラ整備、阿片・砂糖等の産業振興など、今日に通じる台湾の近代化をもたらす。
864頁　**4600円**　◇978-4-89434-435-8（2005年2月刊）

4　**満鉄時代**　1906～08年
初代満鉄総裁に就任。清・露と欧米列強の権益が拮抗する満洲の地で、「新旧大陸対峙論」の世界認識に立ち、「文装的武備」により満洲経営の基盤を築く。
672頁　**6200円**　◇978-4-89434-445-7（2005年4月刊）

5　**第二次桂内閣時代**　1908～16年
逓信大臣として初入閣。郵便事業、電話の普及など日本が必要とする国内ネットワークを整備するとともに、鉄道院総裁も兼務し鉄道広軌化を構想する。
896頁　**6200円**　◇978-4-89434-464-8（2005年7月刊）

6　**寺内内閣時代**　1916～18年
第一次大戦の混乱の中で、臨時外交調査会を組織。内相から外相へ転じた後藤は、シベリア出兵を推進しつつ、世界の中の日本の道を探る。
616頁　**6200円**　◇978-4-89434-481-5（2005年11月刊）

7　**東京市長時代**　1919～23年
戦後欧米の視察から帰国後、腐敗した市政刷新のため東京市長に。百年後を見据えた八億円都市計画の提起など、首都東京の未来図を描く。
768頁　**6200円**　◇978-4-89434-507-2（2006年3月刊）

8　**「政治の倫理化」時代**　1923～29年
震災後の帝都復興院総裁に任ぜられるも、志半ばで内閣総辞職。最晩年は、「政治の倫理化」、少年団、東京放送局総裁など、自治と公共の育成に奔走する。
696頁　**6200円**　◇978-4-89434-525-6（2006年7月刊）

後藤新平大全
「後藤新平の全仕事」を網羅！

後藤新平の「仕事」
「東京を創った男」
後藤新平の"仕事"の全て

時代の先覚者 後藤新平 1857-1929
後藤新平の全体像！

往復書簡 後藤新平・徳富蘇峰 1895-1929
二人をつなぐものは何か？

「近代日本」をつくった思想家

別冊『環』⑰

横井小楠 1809-1869

〔「公共」の先駆者〕

源了圓編

I　**小楠の魅力と現代性**
〈鼎談〉いま、なぜ小楠か
平石直昭＋松浦玲＋源了圓　司会＝田尻祐一郎
II　**小楠思想の形成――肥後時代**
源了圓／平石直昭／北野雄士／吉田公平／鎌田浩／堤克彦／田尻祐一郎／野口宗親／八木清治
III　**小楠思想の実践――越前時代**
沖田行司／本川幹男／山崎益吉／北野雄士
IV　**小楠の世界観――「開国」をめぐって**
源了圓／森藤一史／桐原健真／石津達也
V　**小楠の晩年――幕政改革と明治維新**
松浦玲／小美濃清明／源了圓／河村哲夫／徳永洋
VI　**小楠をめぐる人々**　松浦玲／源了圓
〈附〉系図・年譜（水野公寿）**関連人物一覧**（堤克彦）

菊大並製　二四八頁　二八〇〇円
（二〇〇九年一一月刊）
◇978-4-89434-713-7

● 〈横井小楠生誕二百年特別企画〉近刊（タイトルは仮題）

国是三論（横井小楠／花立三郎編＝訳）
横井小楠（源了圓）
横井小楠とその弟子たち（花立三郎）
還暦の記（元田永孚／花立三郎訳）

龍馬は世界をどう見ていたか？

龍馬の世界認識

岩下哲典・小美濃清明編

黒鉄ヒロシ／中田宏／岩下哲典／小美濃清明／桐原健真／佐野真由子／塚越俊志／冨成博／宮川禎一／小田倉仁志／岩川拓夫／濱口裕介

「この国のかたち」を提案し、自由自在な発想と抜群の行動力で、世界に飛翔せんとした龍馬の世界認識は、いつどのようにして作られたのだろうか。気鋭の執筆陣が周辺資料を駆使し、従来にない視点で描いた挑戦の書。

〔附〕詳細年譜・系図・人名索引

A5並製　二九六頁　三二〇〇円
（二〇一〇年二月刊）
◇978-4-89434-730-4

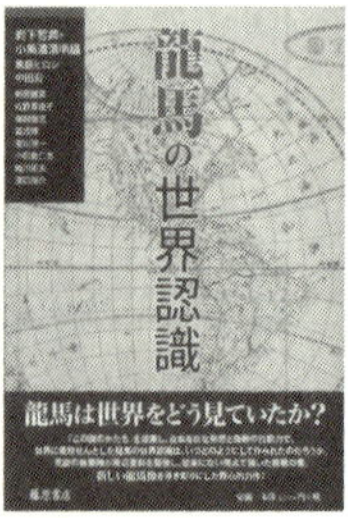

近代日本随一の国際人、没百年記念出版

近代日本の万能人・榎本武揚 1836-1908

榎本隆充・高成田享編

箱館戦争を率い、出獄後は外交・内政両面で日本の近代化に尽くした榎本武揚。最先端の科学知識と世界観を兼ね備え、世界に通用する稀有な官僚として活躍しながら幕末維新史において軽視されてきた男の全体像を、豪華執筆陣により描き出す。

A5並製　三四四頁　三三〇〇円
（二〇〇八年四月刊）
◇978-4-89434-623-9

『産経新聞』大好評連載、待望の単行本化

次代への名言　政治家篇

関厚夫（産経新聞編集委員）

連載を編集し再構成。伊藤博文、小村寿太郎、原敬ら「気概の政治家」、大隈重信、浜口雄幸、犬養毅ら「凛々の政治家」、高橋是清、斎藤実、若槻礼次郎、鈴木貫太郎、岡田啓介、山本権兵衛ら「波瀾の政治家」の珠玉の名言を精選。

Ｂ６変上製　288頁（口絵４頁）　**1800円**（2011年１月刊）

◇978-4-89434-782-3

- ■「日韓両国民は宜しく協心同力国歩の発展を図るべし。」（伊藤博文）
- ■「総理大臣になりたりとて特にエライと言ふ訳にあらず。」（原敬）
- ■「今の若者をもう一度呼んで来い。話して聞かせてやる。」（犬養毅）
- ■「政治は必ずしも外形の問題ではない、人物の問題である。」（高橋是清）
- ■「忍耐は人の宝なり。」（斎藤実）
- ■「国民あっての国家であり、生活があっての国民なんだ。」（岡田啓介）

明治・大正・昭和の時代の証言

蘇峰への手紙

（中江兆民から松岡洋右まで）

高野静子

近代日本のジャーナリズムの巨頭、徳富蘇峰が約一万二千人と交わした膨大な書簡の中から、中江兆民、釈宗演、鈴木大拙、森次太郎、国木田独歩、柳田國男、正力松太郎、松岡洋右の書簡を精選。書簡に吐露された時代の証言を甦らせる。

四六上製　四一六頁　**四六〇〇円**（二〇一〇年七月刊）

◇978-4-89434-753-3

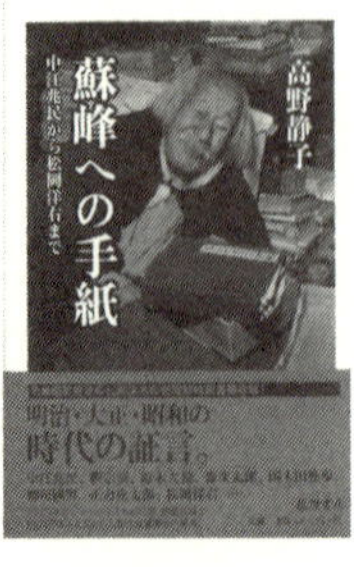

二人の関係に肉薄する衝撃の書

蘆花の妻、愛子

（阿修羅のごとき夫《つま》なれど）

本田節子

偉大なる言論人・徳富蘇峰の弟、徳冨蘆花。公開されるや否や一大センセーションを巻き起こした蘆花の日記に遺された、妻愛子との凄絶な夫婦関係や、愛子の日記などの数少ない資料から、愛子の視点で蘆花を描く初の試み。

四六上製　三八四頁　**二八〇〇円**（二〇〇七年一〇月刊）

◇978-4-89434-598-0